Die ostpreußische Tragödie 1944/45

Herta Schöning · Hans-Georg Tautorat

Die ostpreußische Tragödie 1944/45

Dokumentation des Schicksals einer deutschen Provinz und ihrer Bevölkerung

VERLAG GERHARD RAUTENBERG · LEER

Gesamtherstellung: Druckerei Gerhard Rautenberg, 2950 Leer

ISBN 3-7921-0326-5

Diese Dokumentation
ist den tapferen Frauen
Ostpreußens
gewidmet

Sie wurden erniedrigt,
waren der Rechtlosigkeit ausgesetzt,
mußten Not erleiden,
und versuchten dennoch mit Güte und Liebe,
Unheilbares zu heilen.

Sie haben trotz größter körperlicher und seelischer Belastungen,
oft in lebensbedrohender Lage,
ungezählten Kindern, Alten und Schwachen
Schutz geboten.

Viele von ihnen starben, daß wir leben können.

Eingangsbesinnung

Der Zweite Weltkrieg hat über zahllose Menschen unendliches Leid gebracht. Dabei gab es Opfer und Schuldige auf beiden Seiten.

Mit der folgenden Dokumentation, deren Aufnahmen überwiegend das Bundesarchiv in Koblenz zur Verfügung stellte, wird das erschütternde Schicksal Ostpreußens und seiner Bevölkerung nachgezeichnet.

Es sind Bilder aus leidvoller Zeit. Sie werden Erinnerungen wecken, die der eine oder andere bereits in die tiefste Tiefe seiner Seele verbannt glaubte.

Diese Bilder sollen keine Wunden aufreißen oder gar Rachegedanken säen. Sie sollen dazu beitragen, Lehren aus dem entsetzlichen Geschehen zu ziehen. Die Geschichte hält gewöhnlich solche Lehren für diejenigen bereit, die über die Fähigkeit verfügen, das Grundsätzliche vom Vergänglichen zu unterscheiden. Die Bilder sollen schließlich zu Menschlichkeit und zur Gerechtigkeit in unserer Welt aufrufen.

Mit dieser Dokumentation bezeugen wir den toten Frauen und Kindern, Vätern und Müttern, Bräuten und Geschwistern unsere Anteilnahme. Sie brachten das größte menschliche Opfer: Sie gaben ihr Leben für Ostpreußen. Als Opfer — nicht als Helden — werden sie mahnende Zeugen dafür bleiben, daß dieser Krieg Leben zerstörte, Familien auseinanderriß, Trauer und Schmerz über uns brachte.

Auf diesen Bildern lastet der Schatten der Vergangenheit. Er darf das Licht der Zukunft nicht verdunkeln.

Die Botschaft der Ermordeten, Verschleppten oder in der Gefangenschaft Gestorbenen ist für alle eine Friedensbotschaft, die die Anwendung jeglicher Gewalt verdammt.

Wenn das Opfer dieser Menschen nicht umsonst gewesen sein soll, muß uns in einer von immer neuen Kriegsgefahren bedrohten Welt ihre Warnung bewußt sein:

Stürzt die Menschheit nicht von neuem in ein Meer von Blut und Tränen!

Ostpreußen im Spätsommer 1944

Drei Jahre nach dem 22. Juni 1941, an dem die Sowjetunion auf Befehl Hitlers von deutschen Armeen angegriffen wurde, hatte sich das Bild umgekehrt. Der russischen Feuerwalze war es gelungen, sich bis an die deutsche Ostgrenze heranzuschieben. Damit nahm die Gefährdung der deutschen Ostprovinzen und ihrer Bevölkerung durch die Rote Armee akute Formen an. Russische Panzerspitzen standen an der Grenze Ostpreußens. Binnen kürzester Zeit wurde erstes Grenzland nördlich der Memel überflutet. Deutsche Städte und Dörfer standen in Flammen. Die Schlacht um Ostpreußen, der Leidensweg der ostpreußischen Bevölkerung ohne Beispiel, hatte begonnen.

Die militärische Lage stellte sich im Spätsommer 1944 wie folgt dar: Ostpreußen wurde von der Heeresgruppe Mitte verteidigt, die aus drei Armeen bestand, der 3. Panzerarmee im Norden, der 4. Armee in der Mitte und der 2. Armee im Süden. Sie zählten eine stattliche Zahl von Divisionen, die jedoch schwach und abgekämpft waren. Die Einheiten verfügten nur noch über Bruchteile ihres Mannschaftsbestandes und ihres Materials. Mobilität und Feuerkraft waren beeinträchtigt, da Treibstoff und Munition nicht in genügendem Maße ergänzt werden konnten. Demgegenüber verfügten die Sowjettruppen, die sich in drei „Fronten" gliederten, über voll ausgerüstete Divisionen, deren Übermacht in jeder Beziehung erdrückend war.

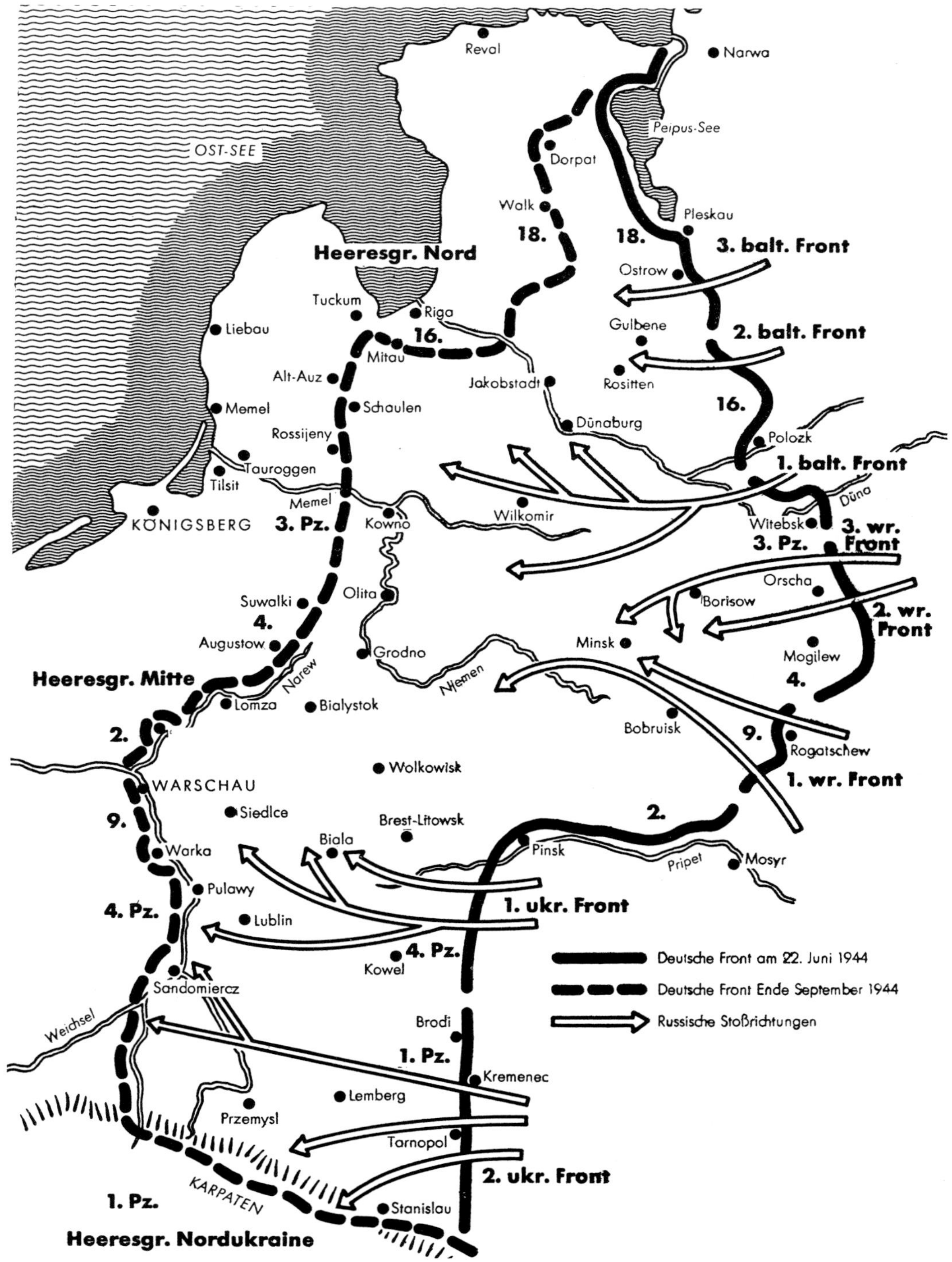

Die militärische Lage im Juni 1944

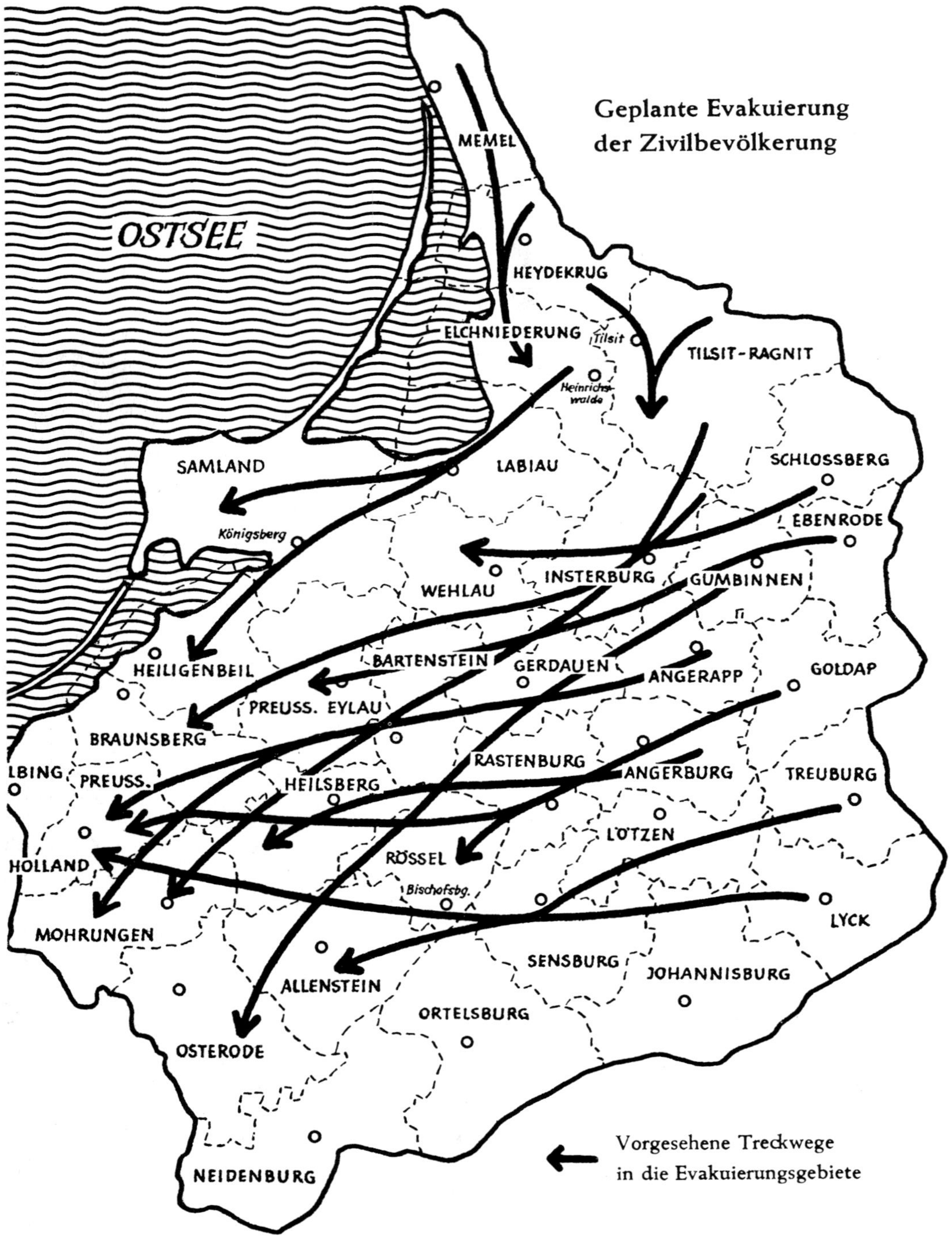

Die Lage der Zivilbevölkerung war bedrohlich. Der vom Oberpräsidium ausgearbeitete Plan zur Evakuierung der ostpreußischen Bevölkerung war auf Weisung des Reichsverteidigungskommissars für Ostpreußen, Gauleiter Erich Koch, an die nachgeordneten Verwaltungs- und Parteistellen nicht bekanntgemacht worden. Obwohl die deutsche Armeeleitung die Räumung des östlichen Teils der Provinz Ostpreußen als dringlich bezeichnete, wurde dies von Koch abgelehnt. Lediglich ein Gebiet von zehn Kilometern hinter der Hauptkampflinie durfte von Zivilpersonen geräumt werden.

Ungeachtet der von den Parteistellen geforderten Siegeszuversicht formierten sich — von Militärbefehlshabern und einzelnen Landräten unterstützt — die ersten Trecks. Unruhe, Unsicherheit und Angst trieben die Bauern im Memelland dazu, ihre Heimatorte mit Pferd und Wagen zu verlassen. Die Berichte von Litauern, die vor den Russen geflüchtet waren, hatten sie erschauern lassen. Tausende von Frauen und Kindern aus Memel verließen die Stadt über See und erreichten Königsberg und Pillau.

Große Viehherden wurden aus den grenznahen Landstrichen Ostpreußens in die rückwärtigen Gebiete getrieben. Auf den Pregelwiesen zwischen Insterburg und Georgenburg drängten sich bald mehr als 40 000 Stück.

Dazu Dr. Hans Graf von Lehndorff in seinen Aufzeichnungen:

„Nicht lange danach kamen riesige Viehherden an den Flußläufen entlang und sammelten sich in dem flachen Tal, das vom Pregel in vielen Windungen durchflossen wird. Sie waren aus dem östlichen Teil der Provinz abgetrieben worden und standen nun, einen überwältigenden Anblick bietend, zu Tausenden in den weiten Wiesen. Dort gab es zunächst noch Futter genug. Wer aber näher heranging und die Tiere im einzelnen beobachtete, dem krampfte sich jetzt schon das Herz zusammen. Ohne Beziehung zueinander, den Menschen als Feind ansehend, so stolperten sie durch das Land, traten die Zäune nieder, brachen hemmungslos in Koppeln und Gärten ein und fraßen Büsche und Bäume kahl. Sie schienen aus einem Lande zu kommen, in dem es keine Ordnung gab."

Während die russischen Angriffe noch einmal vor der ostpreußischen Grenze gestoppt werden konnten, versuchten die westlichen Alliierten durch grausame und unmenschliche Handlungen die Moral der deutschen Truppen und der Zivilbevölkerung zu untergraben.

Vom 26. zum 27. und vom 29. zum 30. August 1944 warfen die Besatzungen britischer Bomber die todbringende Last ihrer gekoppelten Phosphorbomben über Königsberg ab. Ein Feuersturm durchbrauste die Innenstadt in diesen Terrornächten. Der Dom, das Schloß, die Alte und Neue Universität, das Opernhaus, die Staatsbibliothek, die Börse, um nur einige der berühmtesten Gebäude zu nennen, wurden zerstört. Die Zahl der Menschen, die bei dem Inferno ihr Leben ließen, wird zusammen mit den Vermißten auf 4200 geschätzt. 200 000 Königsberger waren obdachlos geworden. Die Provinzhauptstadt wurde allein durch diese beiden Nachtangriffe zu nahezu 50 Prozent zerstört.

Bau des Ostwalls

Nach Ausrufung des „totalen Krieges“ ließ Erich Koch zur Verteidigung des Reichsgebietes in Ostpreußen den von Hitler genehmigten aufwendigen Ostwall bauen. Stellungen, die militärisch nutzlos waren und daher nie bezogen wurden.

Ein Massenaufgebot von jungen und alten Menschen wurde in die grenznahen Kreise beordert, um Verteidigungsstellungen auszubauen. Niemand wagte, den Befehl zum Schippen und Schanzen unbefolgt zu lassen. Drakonisch verhängte Strafen hatten die Zivilbevölkerung eingeschüchtert. Die Folge: Während Bauern und Landarbeiter des Reiches Grenze „befestigten“, mußten Kommandos der Wehrmacht den Frauen und Kindern sowie den Kriegsgefangenen beim Einbringen der Ernte helfen.

Die Hitler-Jugend des Grenzlandes marschiert zur Baustelle.

Aufruf zur Wehrbereitschaft. Der Text der Zeit zu diesem Bild lautet:

„Hunderttausende von Ostpreußen aller Berufe und Altersstufen sind dem Ruf des Gauleiters Koch gefolgt und haben Picke und Spaten in die Hand genommen. Ein einziges Bekenntnis zur Tat, ein fanatischer Wille zur Wehrbereitschaft, so stehen die Männer an Ostpreußens Grenze als leuchtendes Beispiel für das ganze deutsche Volk."

Auf dem Weg zum Bau einer Verteidigungsstellung

Ein Panzergraben wird ausgehoben.

Gauleiter Koch überzeugt sich selbst vom Fortgang der Arbeiten an der Ostpreußen-Schutzstellung.

Erlass des Führers

über die Bildung des deutschen Volkssturms

Nach 5jährigem schwersten Kampf steht infolge des Versagens aller unserer europäischen Verbündeten der Feind an einigen Fronten in der Nähe oder an den deutschen Grenzen. Er strengt seine Kräfte an, um unser Reich zu zerschlagen, das deutsche Volk und seine soziale Ordnung zu vernichten, sein letztes Ziel ist die Ausrottung des deutschen Menschen.

Wie im Herbst 1939 stehen wir nun wieder ganz allein der Front unserer Feinde gegenüber. In wenigen Jahren war es uns damals gelungen, durch den ersten Großeinsatz unserer deutschen Volkskraft die wichtigsten militärischen Probleme zu lösen, den Bestand des Reiches und damit Europas für Jahre hindurch zu sichern. Während nun der Gegner glaubte, zum letzten Schlag ausholen zu können, sind wir entschlossen, den zweiten Großeinsatz unseres Volkes zu vollziehen.
Es muß und wird uns gelingen, wie in den Jahren 1939—41 ausschließlich auf unsere eigene Kraft bauend, nicht nur den Vernichtungswillen der Feinde zu brechen, sondern sie wieder zurückzuwerfen und so lange vom Reich abzuhalten, bis ein die Zukunft Deutschlands, seiner Verbündeten und damit Europa sichernder Friede gewährleistet ist.

Dem uns bekannten totalen Vernichtungswillen unserer jüdisch-internationalen Feinde setzen wir den totalen Einsatz aller deutschen Menschen entgegen.

Zur Verstärkung der aktiven Kräfte unserer Wehrmacht und insbesondere zur Führung eines unerbittlichen Kampfes überall dort, wo der Feind den deutschen Boden betreten will, rufe ich daher alle waffenfähigen deutschen Männer zum Kampfeinsatz auf. Ich befehle:

1.) Es ist in den Gauen des großdeutschen Reiches aus allen waffenfähigen Männern im Alter von 16 bis 60 Jahren der Deutsche Volkssturm zu bilden. Er wird den Heimatboden mit allen Waffen und Mitteln verteidigen, soweit sie dafür geeignet erscheinen.

2.) Die Aufstellung und Führung des Deutschen Volkssturmes übernehmen in ihren Gauen die Gauleiter. Sie bedienen sich dabei vor allem der fähigsten Organisatoren und Führer der bewährten Einrichtungen der Partei, SA, SS, des NSKK und der HJ.

3.) Ich ernenne den Stabschef der SA Schepmann zum Inspekteur für die Schießausbildung und den Korpsführer NSKK Kraus zum Inspekteur für die motortechnische Ausbildung des Deutschen Volkssturms.

4.) Die Angehörigen des Deutschen Volkssturms sind während des Einsatzes Soldaten im Sinne des Wehrgesetzes.

5.) Die Zugehörigkeit der Angehörigen des Deutschen Volkssturmes zu außerberuflichen Organisationen bleibt unberührt. Der Dienst im Deutschen Volkssturm geht aber jedem Dienst in anderen Organisationen vor.

6.) Der Reichsführer SS ist als Befehlshaber des Ersatzheeres verantwortlich für die militärischen Organisationen, die Ausbildung, Bewaffnung und Ausrüstung des Deutschen Volkssturmes.

7.) Der Kampfeinsatz des Deutschen Volkssturmes erfolgt nach meinen Weisungen durch den Reichsführer SS als Befehlshaber des Ersatzheeres.

8.) Die militärischen Ausführungsbestimmungen erläßt als Befehlshaber des Ersatzheeres Reichsführer SS Himmler, die politischen und organisatorischen in meinem Auftrage Reichsleiter Bormann.

9. Die nationalsozialistische Partei erfüllt vor dem deutschen Volk ihre höchste Ehrenpflicht, indem sie in erster Linie ihre Organisationen als Hauptträger dieses Kampfes einsetzt.

Führerhauptquartier, den 25. September 1944 gez. **Adolf Hitler**

Das letzte Aufgebot

Volk ans Gewehr, so lautete nun die Parole! Zur Unterstützung der ausgebluteten deutschen Divisionen wurde der Volkssturm aufgestellt.

Auch der Volkssturm sollte sich als militärisch nutzlos herausstellen. Die Abwesenheit der meisten deutschen Männer von Haus und Hof hatte zur Folge, daß Frauen und Kinder später während der Flucht auf sich selbst gestellt waren.

Volkssturmmeldestelle

Vereidigung von Freiwilligen

Jeder Mann erhält ein Gewehr. Meist waren es alte Weltkriegsteilnehmer, die schon einmal ihre Heimat gegen den Feind verteidigten.

◁

▷

Der Text der Zeit lautet: „Das deutsche Volk steht auf... Männer jeden Alters und aller Stände haben sich in die Reihen des deutschen Volkssturms eingegliedert."

Fronterfahrene Offiziere bildeten die Hitler-Jugend an der Panzerfaust aus.

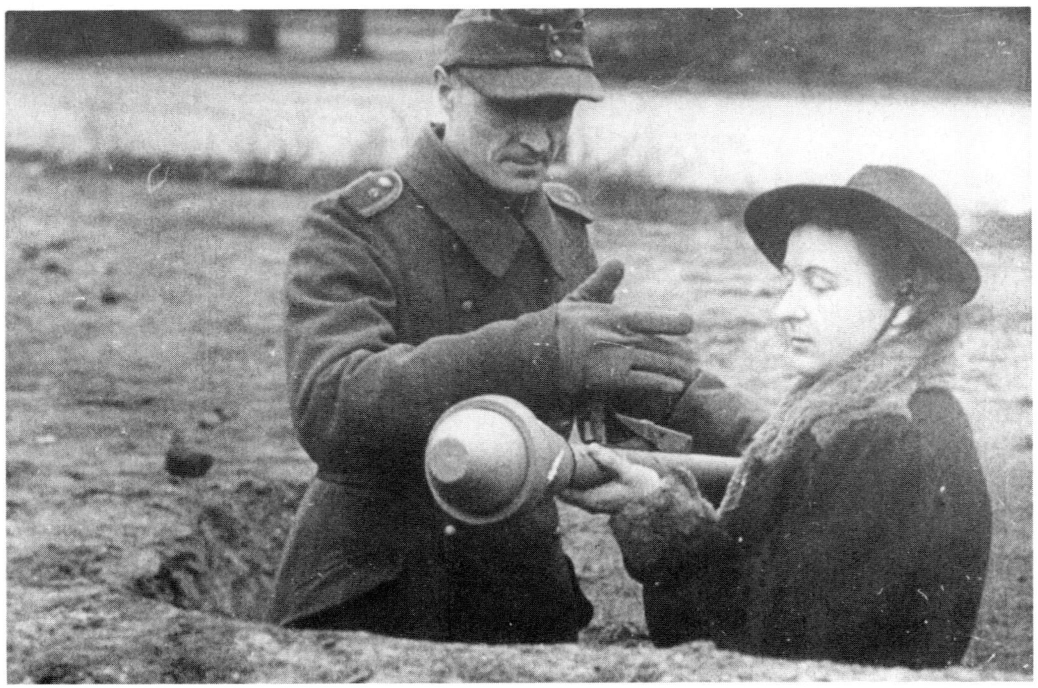

Auch Frauen wurden in der Handhabung dieser panzerbrechenden Waffe unterwiesen.

◁ ◁

Auch sie gehörten zum letzten Aufgebot: Jungen von der Schulbank weggeholt, versahen Dienst als Luftwaffenhelfer. Hier das Eintragen des feindlichen Anflugweges in die Zielwegkarten.

◁

Flakhelfer beim Herstellen der Einsatzbereitschaft. Immer wieder, auch während des Unterrichts, gab es plötzlich Übungsalarm.

Ausbildung am Gewehr — „In den sogenannten Wehrertüchtigungslagern, so verlautete damals, „erhielten die Pioniere des germanischen Wehrbauerntums ihre vormilitärische Ausbildung".

Russische Oktober-Offensive im Kreis Gumbinnen

Am 16. Oktober 1944 erfolgte der durch schwere Luftangriffe auf Gumbinnen und Insterburg angekündigte Angriff aus dem Raum südlich Ebenrode und nördlich der Rominter Heide. Er war gegen die 4. deutsche Armee gerichtet, Stoßrichtung Königsberg.

Die russische Offensive konnte jedoch aufgefangen und schließlich zum Stehen gebracht werden. Die dreiwöchige Schlacht hatte die deutsche Front allerdings zwischen Augustow und Memel auf 150 Kilometer Breite und 40 Kilometer Tiefe zurückgedrückt. Ostpreußisches Grenzland war zum Schlachtfeld geworden, nicht unbeträchtliche Gebiete waren an den Feind verloren. Teile der deutschen Bevölkerung fielen in die Hand der Roten Armee. Ein entscheidender operativer Durchbruch konnte jedoch noch einmal verhindert werden

Die russische Zeitung „Krasnaja Swesda" schrieb am 24. Oktober:

> „Man kann nicht bestreiten, daß der deutsche Widerstand in Ostpreußen an Stärke und Hartnäckigkeit alles bisher Dagewesene übersteigt. Die Kämpfe sind äußerst blutig, und die Deutschen bieten wahnwitzigen Widerstand. Sie führen ständig Gegenangriffe durch und verteidigen jeden Zentimeter ihres Bodens."

Nemmersdorf

Im Rahmen eines solchen Gegenstoßes wurde auch Nemmersdorf im Kreis Gumbinnen befreit. Den in den Ort einrückenden deutschen Soldaten stockte der Atem ... Was sie sahen, waren Bilder eines unbeschreiblichen Grauens.

Nach im Bundesarchiv Koblenz vorliegenden Aussagen ehemaliger Soldaten und Volkssturmmänner fanden diese die Trümmer der von Panzern zermalmten und zerschossenen Treckwagen am Straßenrand vor, Tote lagen zuhauf in den Straßengräben. An einem Leiterwagen im Dorf, nahe dem Wirtshaus, und an Scheunentoren waren entkleidete und vergewaltigte Frauen in gekreuzigter Stellung angenagelt, und in den Wohnungen lagen über 70 Tote: Zuvor vergewaltigte Frauen, Kinder mit eingeschlagenen Köpfen, ein alter Mann und eine blinde 84jährige Frau mit gespaltenem Schädel, auch sie, nach dem Urteil einer ausländischen Ärztekommission, vergewaltigt. Auch 50 französische Kriegsgefangene wurden hier von den Russen erschossen.

Hauptmann Herminghaus berichtet:

„Den deutschen Soldaten bot sich bei der Rückgewinnung in dem Orte Nemmersdorf ein grauenvolles Bild, das erstmalig in eindeutiger Form dem deutschen Volke zeigte, was jeder einzelne zu erwarten hatte, wenn die russischen Soldaten Gewalt über ihn haben. Es wurden die in dem Dorf überraschten Frauen, darunter auch einige Ordensschwestern, nach der Eroberung durch die Russen zusammengetrieben, vergewaltigt und übel zugerichtet. Dann sind die Frauen auf bestialische Art und Weise erstochen oder erschossen worden. Das übertraf an Scheußlichkeit alle bisher erlebten Kampfeindrücke."

Die folgenden Aufnahmen sind von hohem dokumentarischen Wert. Sie belegen unanfechtbar, wie sowjetische Truppen sengend, brennend, schändend und mordend in deutsches Land eingedrungen waren. Auf den Spuren ihres Weges blieben die Leichen unschuldiger ostpreußischer Frauen, Kinder und Greise zurück. Diese Dokumente, die an Blutdurst, Bestialität und Sadismus nicht zu übertreffen sind, bedürfen keiner Erläuterung. Sie sind stumme Anklage!

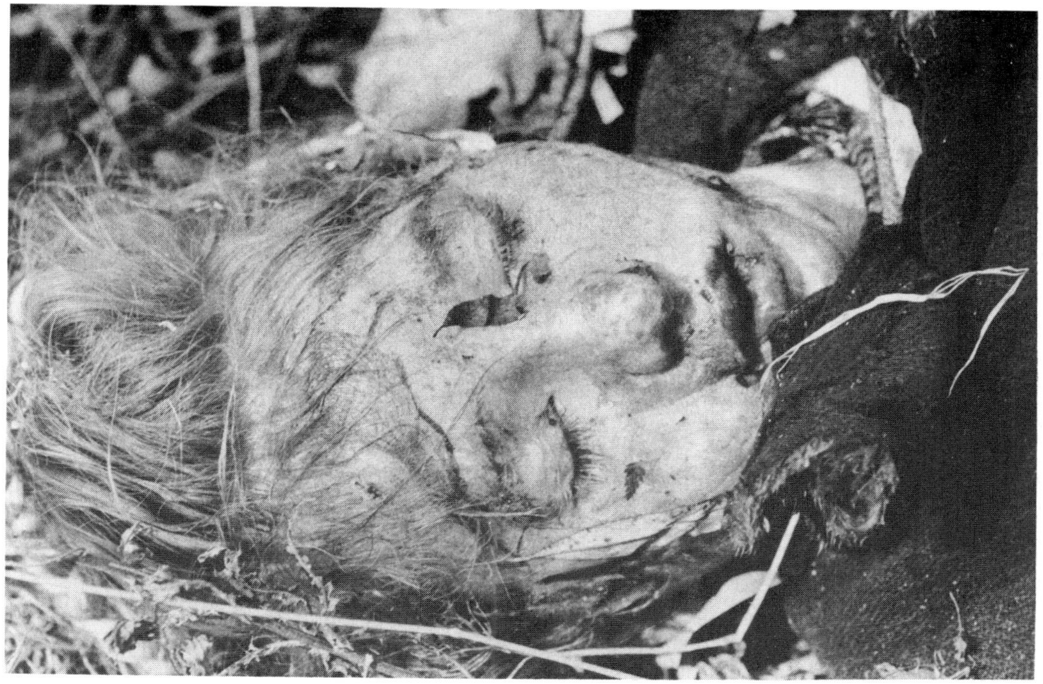
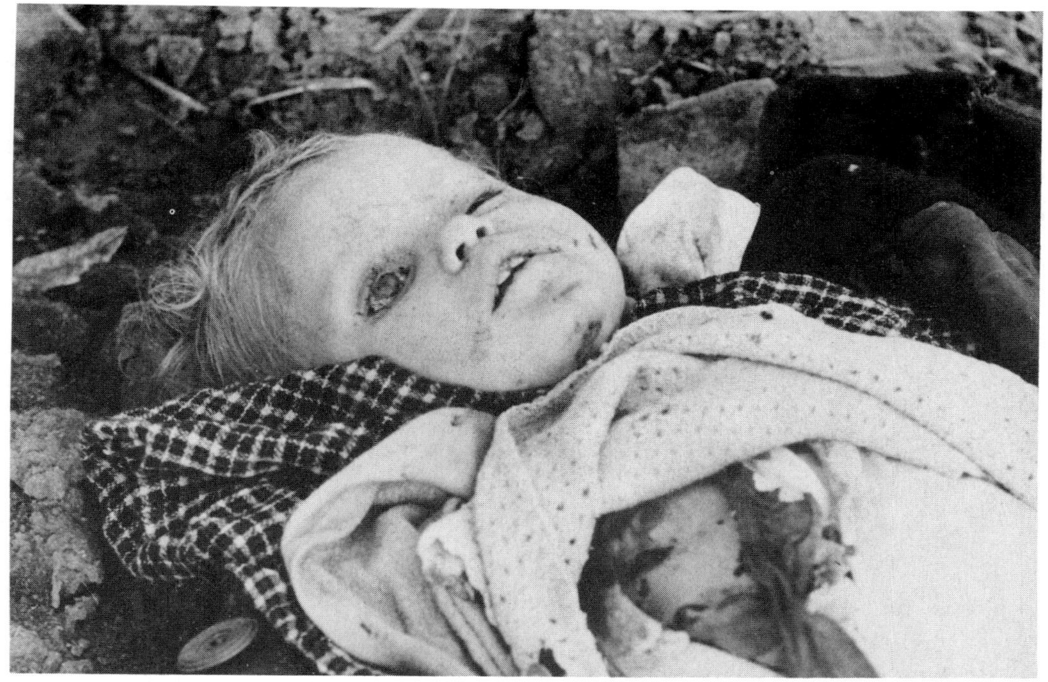
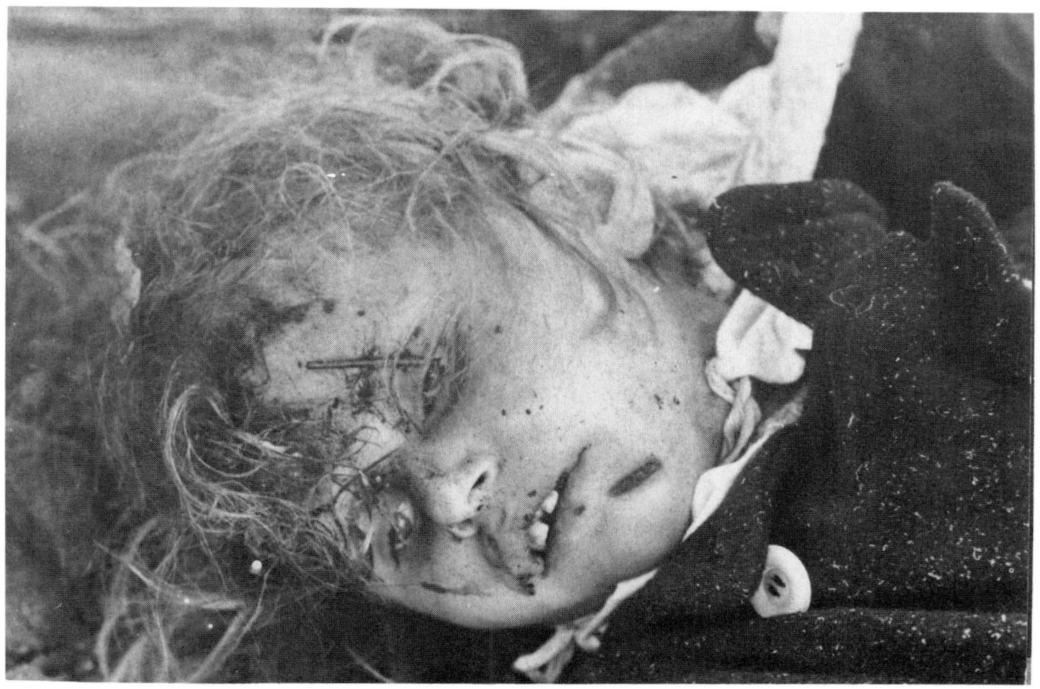
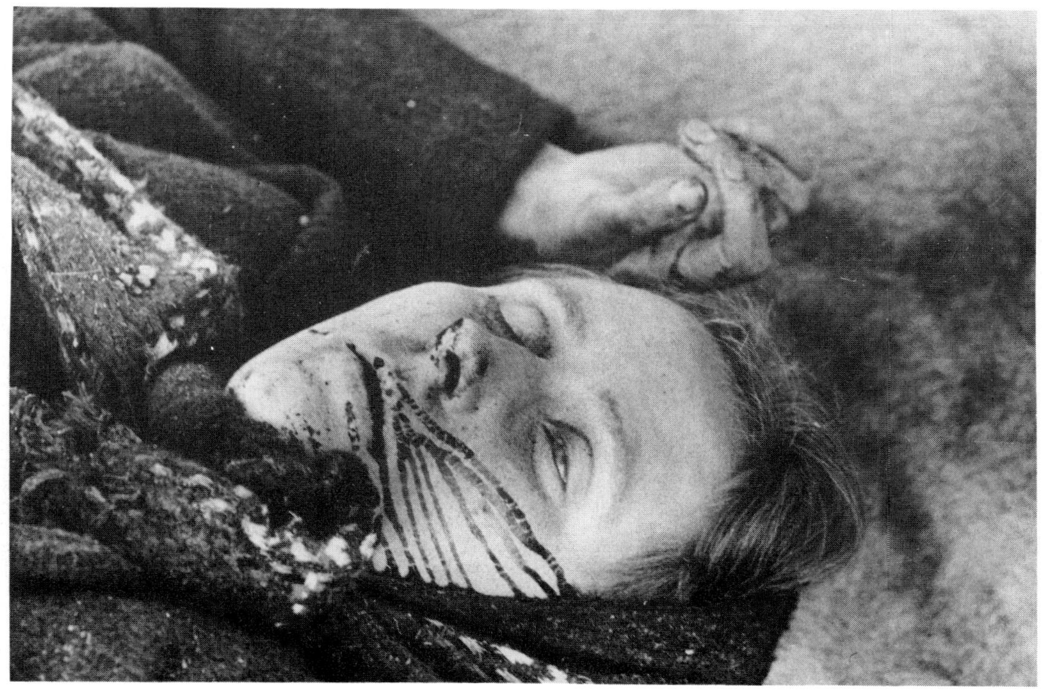

Alles nahm der Tod: Name, Alter und Volk. Nahm jedes irdische Maß, machte es wesenlos. Es wäre gut, wenn wir in diesem Kreuz mehr sehen würden als den Hinweis auf ein Grab. Dieses Grab spricht mit vielen anderen Gräbern die stumme Sprache des tausendfachen Todes unschuldiger Menschen. Verstehen wir diese Sprache, dann kann uns mitten im Leben der Gedanke an den Tod wieder die Maßstäbe für das Wichtige und Unwichtige geben. Was uns heute — 40 Jahre nach diesem grausamen Geschehen — bleibt, ist nicht viel mehr, als bewegten Herzens dieser Toten zu gedenken.

Aber nicht nur in Nemmersdorf selbst, sondern auch in benachbarten Ortschaften, die bei dem gleichen Gegenangriff von russischen Truppen gesäubert wurden, stellte man gleichartige Fälle fest.

Hier haben deutsche Panzerverbände in einem schwungvollen Angriff den Sowjets Goldap wieder entrissen. Ein deutscher Panzer vom Typ „Panther" sichert den Ortseingang.

Aus einem Bericht von Hauptmann Fricke über Greueltaten in Alt-Wusternitz, südlich von Gumbinnen:

„Die Besichtigung durch Stabsarzt Dr. Willjahn, Stab 5. Panzer-Division und Hauptmann Fricke ergab: In zwei Ställen des Vorwerks Alt-Wusternitz wurden aufgefunden je eine Leiche eines jungen Mädchens.

Beide Mädchen sind offenbar vergewaltigt und dann ermordet worden. Bei einem ist der Tod durch einen Schuß in die linke Augenhöhle, bei dem anderen durch Genickschuß eingetreten.

In einem anderen Stallraum wurde die Leiche eines alten Mannes und einer alten Frau aufgefunden.

Die Todesursache konnte bei der Leichenschau nicht sicher festgestellt werden (anscheinend Kopfverletzung).

Eine weitere Leiche eines alten Mannes wurde auf dem Rücken liegend mit ausgebreiteten Armen aufgefunden. Die Leiche wies Genick- und Brustschuß auf, ferner Verletzungen an beiden Händen. In einem weiteren Stall wurden verkohlte Leichen, anscheinend sieben, aufgefunden. Die Todesursache war nicht festzustellen. Der Stall selbst war durch Feuer nicht beschädigt. In den Resten eines abgebrannten Stallgebäudes wurden verkohlte Leichen aufgefunden, bei denen die Todesursache nicht festzustellen war."

Das Gemälde von Karl Engel, das sich im Besitz des Ostpreußischen Jagd-und Landesmuseums in Lüneburg befindet, hält einen anderen tragischen Augenblick ostpreußischer Geschichte fest. Es zeigt eine Herde 1 ½jähriger Trakehner Stuten vor dem Denkmal des tatkräftigen Gründers von Trakehnen, König Friedrich Wilhelm I., die ihren Fluchtweg nach der Räumung des Hauptgestüts am 17. Oktober 1944 durch die von russischen Flugzeugen erheblich zerstörte und teils noch brennende Stadt Gumbinnen nahm. Im Hintergrund die Alte Regierung.

Nach einer Odyssee durch Ostpreußen, Schlesien, Pommern und Mecklenburg erreichten nur wenige Pferde den Westen. Dort bildeten sie den Grundstock für eine allmählich anlaufende Ostpreußen-Zucht. In ihr lebt das züchterische Kulturgut Ostpreußens fort. Die edlen Pferde mit dem Brand der doppelten Elchschaufel tragen nun von ihrem neuen Domizil aus den Ruhm der Züchter in alle Lande.

Alle Dämme brechen

Der deutschen Heeresleitung war klar, daß die im Oktober 1944 zum Stehen gebrachte Front von den sowjetischen Armeen zum Atemschöpfen genutzt wurde. General Gehlen von der „Abteilung Fremde Heere Ost" meldete Hitler, daß die Russen für den Januar 1945 eine Großoffensive vorbereiten. Es müsse davon ausgegangen werden, daß die russische Überlegenheit das Elffache bei der Infanterie, das Siebenfache an Panzern und das Zwanzigfache an Artillerie betragen werde. Erkenntnisse der Abwehr, die bei Hitler zu einem Tobsuchtsanfall führten und die er als den größten Bluff seit Dschingis Khan bezeichnete.

Am 12. Januar 1945 setzten die sowjetischen Armeen dann mit dem vorhergesagten überwältigenden Materialeinsatz zu einem gewaltigen Angriff an.

An diesem Tage brach die 1. Ukrainische Front unter Marschall Konjew vom Baranow-Brückenkopf her in Richtung Schlesien auf. Am 13. Januar begann die 1. Weißrussische Front unter Marschall Schukow ihren blitzschnellen Stoß aus den Weichselbrückenköpfen über Lodz und Kalisch bis hin zur mittleren Oder mit Richtung Berlin. Am gleichen Tage griff die 3. Weißrussische Front unter Marschall Tschernjakowski von Osten her Ostpreußen an und marschierte auf Königsberg zu. Und am 15. Januar stieß die 2. Weißrussische Front unter Marschall Rokossowski aus dem Narew-Brückenkopf Pultusk gegen Thorn und Elbing zur Abschnürung Ostpreußens vor. Es war der entscheidende Schlag gegen die deutsche Ostfront, die sofort zerriß und jeden Zusammenhalt verlor.

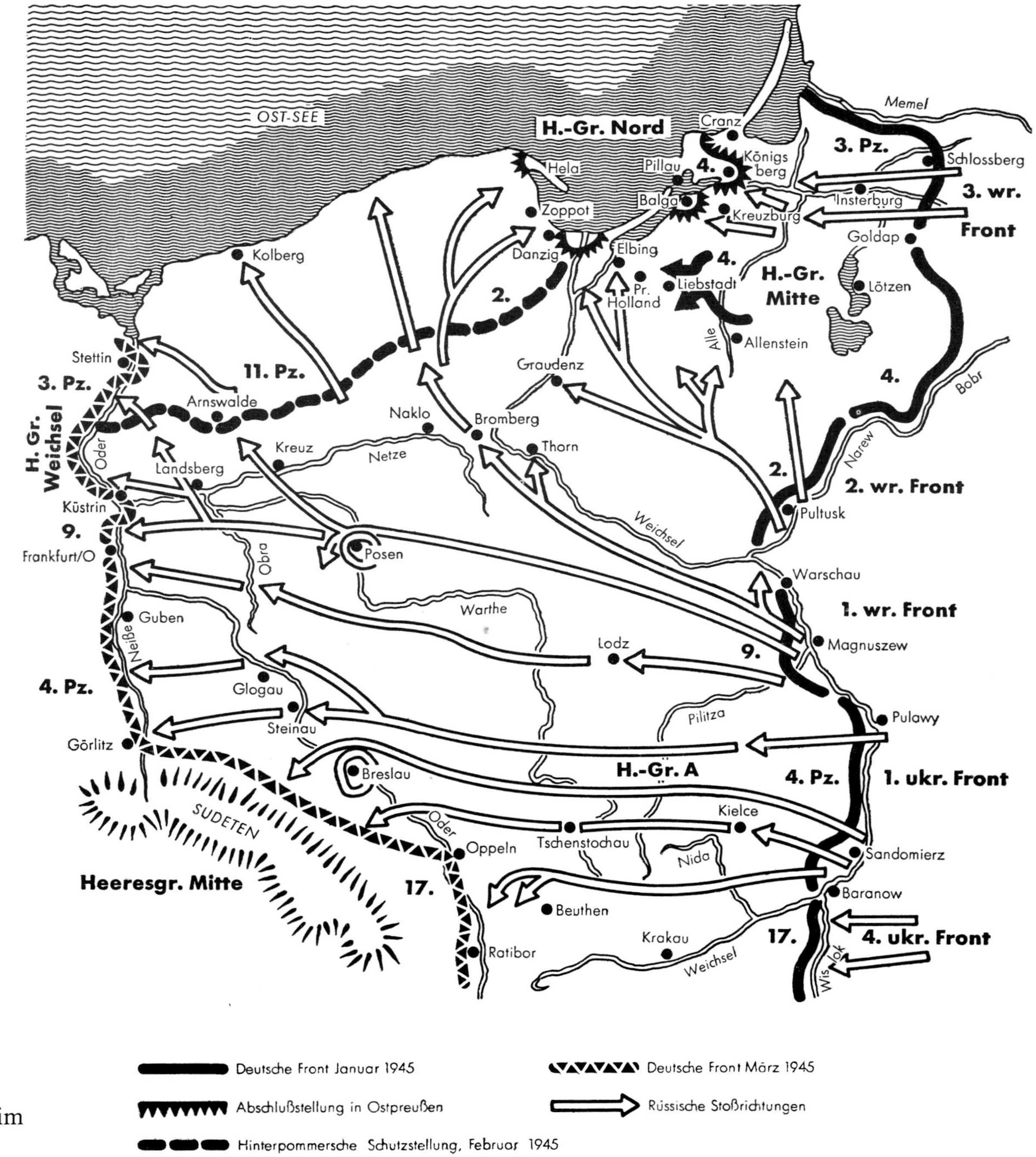

Großangriff der Roten Armee im Januar 1945

Schrecken und Entsetzen verbreitend drangen die Sowjets nach Ostpreußen ein. Welch unerbittliche Härte dabei die Zielsetzung bestimmte, geht aus dem Tagesbefehl Marschall Tschernjakowskis hervor, in dem es heißt:

„Zweitausend Kilometer sind wir marschiert und haben die Vernichtung all dessen gesehen, was wir in zwanzig Jahren aufgebaut haben. Nun stehen wir vor der Höhle, aus der heraus die faschistischen Angreifer uns überfallen haben. Wir bleiben erst stehen, nachdem wir sie gesäubert haben. Gnade gibt es nicht — für niemanden, wie es auch keine Gnade für uns gegeben hat. Es ist unnötig, von Soldaten der Roten Armee zu fordern, daß Gnade geübt wird. Sie lodern vor Haß und vor Rachsucht. Das Land der Faschisten muß zur Wüste werden ..."

Bei gefallenen russischen Soldaten wurden Zettel gefunden, deren Text einen vor Fanatismus schäumenden Aufruf zum Mord enthielten. Verfasser war der sowjetische Schriftsteller Ilja Ehrenburg. Der Text lautete:

„Tötet, tötet! Es gibt nichts, was an den Deutschen unschuldig ist, die Lebenden nicht und die Ungeborenen nicht! Folgt der Weisung des Genossen Stalin und zerstampft für immer das faschistische Tier in seiner Höhle. Brecht mit Gewalt den Rassenhochmut der germanischen Frauen. Nehmt sie als rechtmäßige Beute. Tötet, ihr tapferen, vorwärtsstürmenden Rotarmisten!"

Mit diesen Aufrufen, so ist einmal treffend formuliert worden, wurde klar, daß Nemmersdorf nicht die unkontrollierte Tat entfesselter Unmenschen war, sondern einer vorbedachten Richtlinie entsprach.

Nach einem Gemälde von Claus Bergen:
„Ostpreußen auf der Flucht“

Wie zu erwarten war, wurde die Zivilbevölkerung von dem schnellen Vordringen des Gegners überrascht. Die Partei gab auch jetzt die Räumungsbefehle entweder überhaupt nicht oder zu spät. Die Trecks, die schließlich doch aufgebrochen waren, holperten auf vereisten Straßen nach Westen, bei Temperaturen von minus 22 Grad, begleitet von einem heftigen Nordoststurm, der den geprüften Menschen Schnee und Eis ins Gesicht peitschte.

Sowjetische Tiefflieger stürzten auf die Flüchtlingskarawanen herab. Menschen und Pferde starben im tödlichen Hagel ihrer Bordwaffen. Trecks wurden von russischen Panzern eingeholt, überrollt und zerschlagen. Zahlreiche Einzelschicksale erfüllten sich hier auf tragische Weise. In vielen Fällen schützten französische und belgische Kriegsgefangene die Frauen vor Belästigungen. Darüber wird berichtet:

> „Sie kamen in Gruppen mit Karren und Handwagen, und wenn sie merkten, daß die Russen über uns herfallen wollten, nahmen sie uns in die Mitte ihrer Kolonne."

Immer wieder gaben Kriegsgefangene junge deutsche Mädchen als ihre Ehefrauen aus und retteten auf diese Weise so manches Menschenleben.

Für die kämpfende Truppe bedeuteten die Trecks eine starke Behinderung der Bewegungsfreiheit auf den Straßen, zumal ein Teil der Flüchtlingsströme hin- und zurückflutete und sich heillos mit anderen, ebenfalls in die Irre geleiteten Trecks vermischte. Hier ein Flüchtlingstreck in der Nähe von Braunsberg im Januar 1945. In den Gesichtern der Menschen spiegelt sich die Angst der vergangenen Stunden und die Furcht vor dem, was noch vor ihnen liegt.

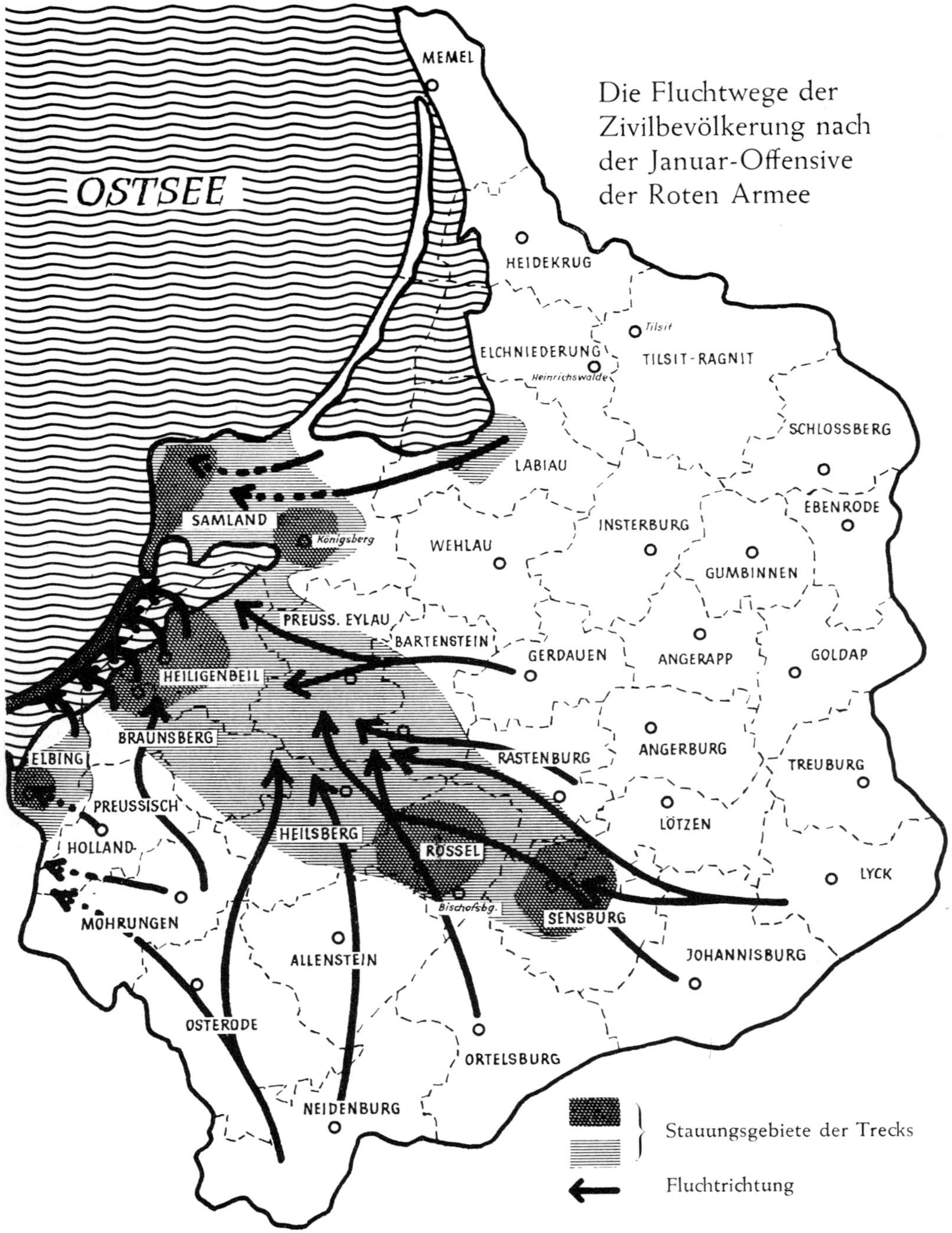

Die Fluchtwege der Zivilbevölkerung nach der Januar-Offensive der Roten Armee

Das Gros der Trecks drängte gegen die Küste und staute sich in den von Tag zu Tag kleiner werdenden Kesseln im Samland und bei Heiligenbeil am Frischen Haff, die von den Soldaten mit letzter Kraft verteidigt wurden. Hier bot sich eine letzte Möglichkeit der Flucht: Der Weg über das Eis des zugefrorenen Haffs, um dann über die Frische Nehrung in den Raum von Danzig zu gelangen, von wo der Weg nach Westen noch frei war.

Das Gemälde von Erich Fritz „Die letzte Rettung — Der Treck über das Frische Haff“ ist im Ostpreußischen Jagd- und Landesmuseum in Lüneburg ausgestellt. Es trägt in anschaulicher Weise dazu bei, daß der Leidensweg der ostpreußischen Bevölkerung, aber auch die unerschütterliche Standhaftigkeit ostpreußischer Pferde, nicht aus unserem Bewußtsein verdrängt werden.

In dem unerbittlichen Ringen legte das ostpreußische Pferd seine größte Bewährungsprobe ab. Hart, ausdauernd, wenig anspruchsvoll, hat es große Widerstandsfähigkeit gegen alle Strapazen und Entbehrungen bewiesen. Obwohl nur einmal am Tage getränkt und gefüttert werden konnte, obwohl nur kurze Ruhepausen möglich waren und die Notquartiere viel zu wünschen übrig ließen, versagten die Tiere den Menschen ihren Dienst nicht. Tag für Tag, Kilometer um Kilometer, legten sich die Zugpferde ins Geschirr. Bis zu über 40 Zentner schwer war die Last der Treckwagen, die sie zu ziehen hatten. Sie stemmten sich gegen die stärksten Schneestürme, die der Osten seit langem zu verzeichnen hatte, vorwärtsgetrieben von der panischen Angst der Menschen. Viele von ihnen trugen blutige Striemen davon, andere hörte man todwund schreien, bis sie endlich von ihrer Qual erlöst wurden. Hier und da gedunsene Kadaver mit starr zum Himmel gereckten Beinen — anklagend die großen, erloschenen Augen. Die meisten dieser braven Geschöpfe aber bewältigten mit vollendeter Treue und eiserner Härte die gewaltigen Strapazen des langen Marsches.

Sie waren zum Kameraden, zum Helfer, zum Retter in höchster Not geworden. Zu Recht ist dieser Exodus als die härteste Leistungsprüfung bezeichnet worden, die das Schicksal dem Trakehner Warmblut auferlegt hat.

Diese letzte überragende Leistung des ostpreußischen Pferdes weckt Gefühle des Stolzes, der Bewunderung und der Dankbarkeit.

Den ganzen Februar hindurch zogen die Trecks auf sechs abgesteckten Eisstraßen hinüber zur Nehrung. Aber nicht jeder, der das Haff erreicht hatte, war damit gerettet. Die langsam vorankriechenden Menschenmassen auf dem Eis boten den russischen Kampfflugzeugen gutes Ziel für ihre Bomben. Die Eisdecke brach an zahlreichen Stellen unter der allzu großen Last. Tausende wurden vom Haff verschlungen.

Zum Drama der Flucht über das Haff gehörten zahllose Szenen der Verzweiflung und der Not. Ein Überlebender berichtet:

„Am 8. Februar 1945 haben wir das Frische Haff bei Frauenburg erreicht. Wir, das waren meine Mutter, meine neunjährige Schwester und ich. Ich war damals 14 Jahre alt ... Gegen acht Uhr am Morgen fuhren wir auf das zugefrorene Haff hinaus. Die Wagen hielten einen Abstand von 50 Metern ein. Im Seitenabstand von etwa 100 Metern wälzten sich drei gewaltige Trecks aus Pferdegespannen über das Eis ...

Plötzlich Geschrei. Wir blickten zum Himmel. Dunkle Punkte am Horizont kamen immer näher, wurden größer. Dann hörten wir das Dröhnen der Flugzeugmotoren.

Russische Bomber!

Ihnen voraus kamen mit hellem, singendem Pfeifen schnelle Jagdmaschinen.

Der Pulk flog auf uns zu.

Ich riß die Peitsche hoch und trieb die Gäule an.

Los, vorwärts! Der Nehrung entgegen.

Das Eis schwankte stärker. Bedrohlicher wurde das Knacken der gefrorenen Decke. Da und dort klafften Sprünge!

Mutter faltete die Hände. „Bete, Kind", sagte sie leise zu meiner Schwester. Dann bewegte sie lautlos die Lippen. Die ersten Bomben fielen. Bis dahin hatte ich schon einige Male geglaubt, der Hölle entronnen zu sein, doch all dies war harmlos im Vergleich zu dem, was sich in dem Bombenregen auf dem Eis des Haffes abspielte. Dies hier war die Hölle.

Das Eis krachte. Wasserfontänen gischteten in die Höhe. Pferde bäumten sich auf, gingen durch und machten das Durcheinander zum Chaos. Verwundete schrien um Hilfe. Wagen stießen zusammen, blieben liegen oder versanken mit Pferden und Menschen zwischen den Eisspalten,die immer breiter wurden.

Immer wieder griffen die Russen an. Nach den Bombenwürfen flogen sie dicht über uns hinweg und feuerten mit ihren Bordwaffen.

Das Eis war mit toten Menschen und Pferden übersät. Das Blut der Getöteten und Verwundeten stand in großen Lachen auf dem Eis, in das die Bomben riesige Löcher gerissen hatten.

Ich sah Mütter, ihre Kinder fest an sich gepreßt, mit Entsetzensschreien auf den Lippen im Meer versinken. Ich sah alte Männer stumm und klaglos sterben ..."

Und dennoch ist es mehr als 450 000 Menschen gelungen, ihre Heimat auf diesem Fluchtweg zu verlassen.

Die Todesstraße auf dem Frischen Haff

Rettung über See

An der Ostseeküste feierte die Kriegsmarine ihren letzten Triumph — die Rettung Hunderttausender von Menschenleben.

Großadmiral Dönitz, der Oberbefehlshaber der Kriegsmarine, ließ alles, was noch schwimmen konnte, zur Rettung der Soldaten und der Zivilbevölkerung einsetzen. Schulschiffe, Vorpostenboote, Artillerieträger, Minenräumer, Passagierdampfer — sie alle pendelten zwischen Pillau und den Häfen an der pommerschen und schleswig-holsteinischen Küste hin und her und transportierten, im ununterbrochenen Feuer sowjetischer Artillerie, im Bombardement von Kampfflugzeugen, im Bordwaffenbeschuß der Jagdmaschinen, zwischen den tödlichen Bahnen sowjetischer U-Boot- und Schnellboottorpedos, die Flüchtlinge ab. Die Angehörigen der deutschen Kriegs- und Handelsmarine haben angesichts des Todes Verwundete, alte Menschen, Frauen und Kinder vor der Vernichtung durch die Rote Armee bewahrt und sich damit vor der Geschichte unvergänglichen Ruhm erworben.

In Danzig, Gotenhafen und auf Hela war in den Märzwochen knapp eine halbe Million Menschen zusammengedrängt worden. Man sagt, daß Hela in diesen Wochen zum „Dünkirchen der Deutschen“ wurde. Ungeachtet des Bombardements und des Artilleriebeschusses verließen täglich Geleitzüge mit 20 000, 30 000, manchmal 40 000 Menschen dieses letzte „Sprungbrett“. Von Ende Januar bis Ende April 1945 wurden aus diesem Raum 900 000 Menschen über See abtransportiert.

Für Hunderttausende wurde Pillau, die Seestadt am Frischen Haff, das Tor zur Freiheit.

Flüchtlinge, Verwundete, Soldaten suchten hier ihren „Kai der Hoffnung“, wie die Hafenanlagen in diesen schweren Tagen einmal genannt wurden. Die Hoffnung, mit einem Schiff nach Westen zu entkommen, belebte die Menschen in den Trecks. Zu Schiff — das bedeutete eine warme Überfahrt, das hieß, in wenigen Tagen eine Strecke hinter sich bringen, die auf den vereisten Straßen Wochen dauern und Opfer über Opfer fordern würde.

In einer nahezu 100 Tage dauernden, in der Geschichte beispiellosen Rettungsaktion gelang es, 650 000 Flüchtlinge aus lebensbedrohender Lage über diesen Hafen auf dem Seeweg oder über die Nehrung herauszubringen.

So sah es in den Januar-Tagen im Hafen von Pillau aus. Lange Reihen von Menschen standen mit Gepäck vor den im Hafen liegenden Schiffen.

Einschiffung von Flüchtlingen auf die „Wedel“ im Januar 1945

Übernahme von verwundeten Soldaten

Begrüßung eines Lazarettschiffes

An Land verteidigten die deutschen Streitkräfte mit dem Mut der Verzweiflung die letzten Bastionen Ostpreußens. Der Brückenkopf wurde jedoch von Tag zu Tag immer mehr zusammengedrückt. Nach erbittertem Kampf ging Gotenhafen am 28. März, Danzig — bisher der größte „Umschlagplatz für Menschenfracht" — am 30. März 1945 verloren. Pillau hielt sich bis zum 25. April, und dann waren nur noch ein Teil der Frischen Nehrung, die Weichselniederung und die schmale Halbinsel Hela in deutscher Hand.

Dem großartigen Rettungswerk der Marine verdanken Hunderttausende ihr Leben. Aber auch der Weg über See hatte Verluste gebracht: Der Name „Wilhelm Gustloff" ist ein Symbol geworden für den mitleidlosen Kampf, der gegen die Rettungsschiffe mit U-Booten geführt wurde.

Der 25 000-Tonnen-Liner wurde am 30. Januar 1945 von dem russischen U-Boot „S 13" unter dem Kommando von Korvettenkapitän Merinesko vor Stolpmünde torpediert. Die „Wilhelm Gustloff" hatte knapp 70 Minuten gebraucht, um zu versinken. Über 5000 Menschen fanden den Tod. Die Kälte, die Wellen, die Dunkelheit und die Verzweiflung ließen nur Wenige überleben.

Der Lloyd-Dampfer „Steuben", der am 9. Februar mindestens 2000 Verwundete und 1000 Flüchtlinge an Bord genommen hatte, wurde das zweite Opfer Merineskos. Die Torpedos des russischen U-Bootes trafen das Schiff am 10. Februar um 00.53 Uhr.

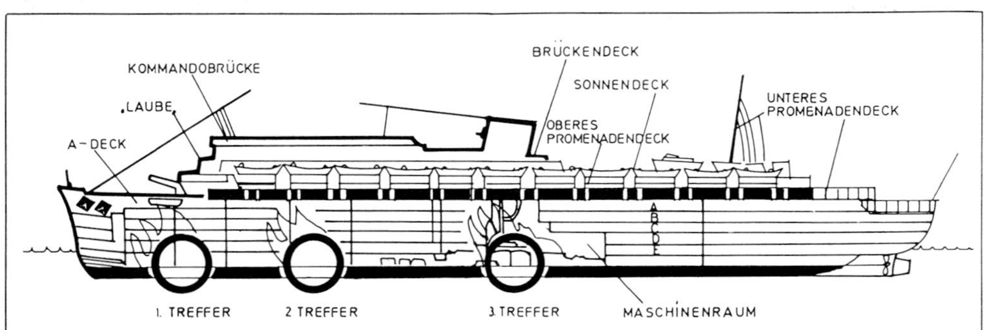

Diese Schemazeichnung veranschaulicht den Hergang der Katastrophe: Die drei sowjetischen Torpedos trafen das Vorschiff (1. Treffer), das Schwimmbad (2. Treffer) und den Maschinenraum.

Aus der Dokumentation: „Die Versenkung der Wilhelm Gustloff"

„Nur eine Handvoll von jenen, die sich im Vorschiff des Dampfers befanden, konnten die oberen Decks erreichen. Das war den meisten Soldaten klar, und viele erschossen sich, erschöpft vom Überlebenskampf, auf ihren Bahren. Wer auf den oberen Decks war, lief, falls er laufen konnte, als sich das Heck hoch aus dem Wasser hob, auf das Achterschiff. Die Leute hofften, daß sich der Bug in den Meeresboden bohren und das Heck über der Wasseroberfläche bleiben würde. Aber knapp bevor das Schiff sank, legte es sich zur Seite, und sie hatten keine Chance mehr. Viele von jenen, die vom Heck ins Meer sprangen, wurden von den noch immer rotierenden Schiffsschrauben in Stücke gerissen. Man schätzt, daß in sieben Minuten 3000 Menschen starben. Als die „Steuben" unterging, gellte ein gewaltiger Schrei aus den Kehlen der an Bord gefangenen Menschen. Die Männer auf den Begleitschiffen konnten ihn niemals vergessen."

Untergang eines Lazarettschiffes

Der Bevollmächtigte Kommissar
des Gauleiters
für Partei, Staat und Wirtschaft
der Festung Königsberg

Königsberg (Pr), den 9. Februar 1945

Aufruf!

Königsberger! Männer, Frauen und Kinder!

Der Bolschewist steht vor den Toren der Stadt. Wir werden Schulter an Schulter mit den Soldaten der Wehrmacht und den Volkssturmmännern unsere Stadt verteidigen. Wir wollen Königsberg zu einer uneinnehmbaren Festung ausbauen und sie bis zur Vernichtung der bolschewistischen Horden durch die Armeen des Reiches halten.
Ich befehle daher im Einvernehmen mit dem Kampfkommandanten einen Festungsdienst für jeden Königsberger von 4 Stunden pro Tag.
Der Einsatz erfolgt durch die Ortsgruppen, die die Bevölkerung zellen- und schichtweise zu den befohlenen Baustellen führt.
Aus den Trümmern unserer Stadt wollen wir Barrikaden und Stützpunkte bauen, vor denen jeder bolschewistische Ansturm im Blut erstickt wird.
Ich rufe alle Königsberger auf! Jetzt ist unsere Stunde gekommen!
Wir leben nur noch der Verteidigung der Stadt und unserem Sieg!

Heil Hitler!

Kreisleiter

Der Kampf um Königsberg

Der Kampf um Königsberg war eine Tragödie besonderer Art. Schon nach den Bombenangriffen in den August-Nächten 1944 bot die Stadt nicht mehr das Bild der wohlgeordneten, blühenden und lebensvollen Metropole des deutschen Nordostens. Die gesamte Innenstadt mit Dom, Schloß und Speichern war weitgehend zerstört.

Flüchtlinge, zerschlagene Divisionen und Nachschubeinheiten bevölkerten zunehmend die Stadt. Angesichts der heranrückenden Front und der Nachrichten über grauenvolles Geschehen aus den östlichen Teilen Ostpreußens verbreiteten sich Angst und Zweifel. Nur wenigen Bürgern mögen die pathetischen Lautsprecherdurchsagen der Partei, die von „Umschwung" und „Endsieg" kündeten, vielleicht noch ein Fünkchen Hoffnung gegeben haben. Die meisten von ihnen glaubten, daß das Ende gekommen sei.

Erich Koch verließ Ende Januar die Stadt, um von seinem Bunker bei Neutief aus sein heuchlerisches Spiel von der „Verteidigung Ostpreußens" nach der Berliner Reichskanzlei zu treiben, während er die alten Männer und Halbwüchsigen ohne rechte Uniform und Bewaffnung und ohne Kampfausbildung ins Verderben ziehen ließ. Im Gegensatz zu ihm nahmen viele andere Menschen, die in öffentlicher Verantwortung standen, ihre Aufgabe ernst und blieben bis zum bitteren Ende in der Stadt. Zu ihnen gehörte auch Oberbürgermeister Dr. Will.

Blick vom Schloßteich auf die Ruine des Schlosses

Domruine auf dem Kneiphof

Mutige Königsberger Frauen

Was viele Frauen in diesen Tagen und Wochen leisteten, ist ein Blatt der Geschichte Königsbergs.
Tag und Nacht waren sie auf den Beinen, Lohn und Dank waren nicht zu erwarten. Sie packten zu, wenn es um die harte Arbeit der Trümmerbeseitigung ging, leisteten Schwerarbeit in den Industrie- und Gewerbebetrieben der Stadt. Geduld und Einfühlungsvermögen waren notwendig, um sicherzustellen, daß in den Milchausgabestellen die begehrte und wichtige Nahrung gerecht verteilt werden konnte. In den Lebensmittelkartenstellen wurden Antragsteller beraten und darauf hingewiesen, daß es vorteilhaft sei, der Gemeinschaftsverpflegung beizutreten.
Bis zu zwanzig Frauen saßen in den in einzelnen Stadtteilen eingerichteten Nähstuben. Hier wurde das „Volksopfer" bearbeitet: aus alt wurde neu gemacht. Als Helferinnen verschiedener Organisationen waren sie in der Flüchtlingsbetreuung tätig und nahmen manchen Müttern die bange Sorge um die Beschaffung der auf der Flucht verloren gegangenen Säuglingswäsche. Die Gemeinschaftsküchen hätten ohne die Hilfe der Frauen ihre unentbehrliche Arbeit nicht leisten können. Fleißige Hände fertigten hier das Mittagessen für ungezählte Königsberger und Flüchtlingsfamilien. Auch bereiteten sie die Kaltverpflegungsportionen für die Ausgabe vor.
Wo sie konnten, waren die Frauen mit einem Rat zur Stelle, leisteten tätige Hilfe für jedermann. Sie wußten, was vor den Toren Königsbergs drohte. Sie leisteten einen großen Beitrag zu dem Versuch, das Drohende abzuwehren. Wie häufig in solchen extremen Situationen sind auch den Frauen in Königsberg ungeahnte Kräfte erwachsen: Sie rissen mit, wurden zum Vorbild. Ihre tapferen Taten werden unvergessen bleiben.

Preußische Zeitung

Ausgaben für die Kampfzeit der Festung Königsberg (Pr)

Zeitung für die ganze Volksgemeinschaft — Wehrmacht, Volkssturm und Bevölkerung

Herausgeber: NSDAP., Kreisleitung Königsberg (Pr). — Hauptgeschäftsstelle: Königsberg (Pr), Selkestraße 3 4, Ruf 427 25. — Verlag: Sturmverlag GmbH., Postscheck Königsberg (Pr) 473. — Druck: Ostdeutsche Verlagsanstalt GmbH., Königsberg (Pr), Selkestraße 3/4.

Die Zeitung wird bis auf weiteres kostenlos an die Ortsgruppen, militärischen und Volkssturm-Formationen usw. zur Verteilung ausgegeben. Vorerst kein Anzeigenteil.

15. Jahrgang — Königsberg (Pr), Donnerstag, 8. Februar 1945 — Nr. 28

Vier tapfere ostpreußische Frauen

Sie waren vorbildlich in der Verwundetenbetreuung / Mit dem Kriegsverdienstkreuz mit Schwertern ausgezeichnet

In dem Reservelazarett II, betreuten und pflegten drei Rote-Kreuz-Schwestern und einige Frauen während der letzten kritischen Tage schwerverwundete Soldaten mit aufopferungsvoller Hingabe. Die russischen Schlachtflieger brummten in der Luft. Bomben krachten, ließen die Scheiben klirrend zerspringen. Einschläge der Bordkanonen hackten über den Hof, auf welchem das Zeichen des Roten Kreuzes gegen Fliegersicht deutlich ausgelegt war, und schlugen in die Häuserwände, daß der Mörtel nur so spritzte. Dies alles blieb nicht ohne Eindruck auf die leichtempfindlichen Schwerverwundeten.

Die tapferen Schwestern aber beruhigten ihre hilflosen Patienten immer wieder.

Sie scheuten keine noch so schwere Arbeit und packten überall mit an, denn nun galt es vor allem, die Verwundeten in dem Keller unterzubringen.

Verzweifelt wurde die Sache fast, als plötzlich die Versorgung mit Gas und Wasser aussetzte. Die Schwestern waren unermüdlich bei der Arbeit. Hier gaben sie ein tröstendes Wort, dort erneuerten sie einen durchbluteten Verband, jenem gaben sie eine Spritze gegen seine Schmerzen, und so ging es fort.

Draußen aber krachte und knallte es.

Was die Arbeit unsagbar erschwerte, war, daß kein Licht brannte. Alles mußte in dem trüben Schein einer Kerze gemacht werden. Die Verwundeten verlangten zu essen. Es mußte gekocht und Wasser herbeigeschafft werden. Die Schwestern wußten fast nicht mehr, wo sie zuerst anpacken sollten.

Da stellten sich Angehörige und Frauen von Patienten, welche noch im Lazarett weilten, bereitwillig zur Verfügung und halfen den Schwestern bei ihrer aufopfernden Arbeit.

Diese aber bemühten sich unermüdlich weiter um die Verwundeten und halfen, wo sie nur helfen konnten. Sie kannten keine Zeitrechnung mehr, und wenn sie vor Uebermüdung für kurze Zeit einmal ruhten, dann war ihr Platz zwischen ihren Patienten.

Als der Kommandant der Festung Königsberg hiervon erfuhr, suchte er die tapferen DRK-Helferinnen Helene Bröcker aus Pr. Holland, Erika Legasch aus Königsberg und die 21jährige Christa Höschert aus Königsberg noch in der Nacht im Lazarett auf und zeichnete sie für ihre selbstlose und aufopfernde Einsatzbereitschaft mit dem Kriegsverdienstkreuz II. Kl. mit Schwertern aus. Ebenso wurde Frau Liselotte Rhode aus Dortmund, welche die Schwestern bei ihrer Arbeit auf das beste unterstützte, ausgezeichnet. Ihre einmalige Tat ist vorbildlich für alle Königsberger.

Mü.

Die Zeitung weiterreichen!

Jeder Königsberger und jede Königsbergerin möchte die Zeitung mit ihren wichtigen Nachrichten lesen. Aber mit allem Rohstoff, also z. B. auch mit Papier, muß in einer Festung hausgehalten werden. Deshalb erscheint die „Preußische Zeitung“ täglich nur in einer beschränkten Anzahl von Exemplaren. Die für die zivile Bevölkerung zur Verfügung stehenden Exemplare werden von den Ortsgruppen verteilt.

Wer nun eine Zeitung in die Hände bekommt, soll sie nicht als Privatbesitz betrachten. Er und seine Angehörigen sollen sie alsbald durchlesen

und dann weitergeben,

im Hause oder in der Nachbarschaft! Ein Zeitungsexemplar muß Dutzende von Lesern haben.

NUMMER 2 · 2. FEBRUAR 1945

FESTUNG KÖNIGSBERG

KAMPFZEITUNG FÜR ARBEITER, SOLDATEN UND VOLKSSTURMMÄNNER

54 Sowjetpanzer in Ostpreußen vernichtet

Schwere Kämpfe bei Wormditt, Heilsberg, Friedland und Königsberg. In Ungarn und im Westen starke Feindangriffe aufgefangen. Sturmwikinge versenkten einen Tanker. Fernfeuer auf Groß-London dauert an.

Führerhauptquartier, den 1. Februar.

Das Oberkommando der Wehrmacht gibt bekannt:

In Ungarn wurden zwischen Sarviz-Kanal und Donau sowie nordöstlich Stuhlweißenburg starke sowjetische Angriffe nach harten Kämpfen aufgefangen. An der Oder-Front scheiterten die Versuche des Gegners, seine Brückenköpfe zu erweitern, unter Verlust zahlreicher Panzer. Im Oder-Warthe-Bogen behaupteten unsere Truppen im Raum westlich Züllichau—Schwiebus und westlich Schwerin zahlreiche Stützpunkte gegen heftige Angriffe. Gegen feindliche Panzerspitzen, die bis in den Raum Sternberg—Zielenzig vorstoßen konnten, sind Eingreifreserven angesetzt. Nördlich der Warthe drangen Kräfte des Gegners bis an die Oder nordwestlich Küstrin vor und trafen dort auf unsere neu herangeführten Reserven. Im Südteil von Pommern wurden feindliche Aufklärungskräfte zurückgeworfen.

Die Besatzung von Posen verteidigte sich tapfer gegen die von mehreren Seiten angreifenden Sowjets. Nordwestlich Kulm und bei Elbing kam es zu wechselvollen Kämpfen.

In Ostpreußen verlief der Tag unter schweren Kämpfen bei Wormditt, Heilsberg, Friedland und beiderseits Königsberg. 54 feindliche Panzer wurden dabei vernichtet.

Die sowjetischen Panzerspitzen und der feindliche Nachschubverkehr wurden auch gestern von unseren Schlacht- und Jagdfliegern angegriffen. 24 Panzer und 21 Geschütze wurden außer Gefecht gesetzt und Hunderte von Fahrzeugen zerstört.

An der kurländischen Front wiesen unsere Truppen zahlreiche Angriffe der Bolschewisten ab.

In Holland wurde die schwache, aus Fallschirmjägern bestehende Besatzung, die seit Wochen einen kleinen Brückenkopf südlich der Maas bei Gertruidenberg gegen weit überlegene feindliche Kräfte tapfer hielt, auf das Nordufer des Flusses zurückgenommen.

Die zahlreichen Angriffe, die die erste amerikanische und Teile der dritten amerikanischen Armee an der gesamten Front zwischen Monschau und St. Vith auch gestern führten, blieben nach heftigen Kämpfen in der Tiefe unseres Hauptkampffeldes liegen.

Im oberen Elsaß konnte der Feind seinen Einbruchsraum östlich und nordöstlich Kolmar etwas erweitern, verlor dabei aber 14 Panzer.

Sturmwikinge der Kriegsmarine, die in der Nacht zum 30. Januar zum Kampf gegen den anglo-amerikanischen Nachschubverkehr an der Scheldemündung eingesetzt waren, melden die Versenkung eines Tankers. Darüber hinaus wurden durch unsere Batterie Besatzungen auf der Insel Schouwen fünf schwere Detonationen beobachtet, so daß mit der Versenkung weiterer Schiffe des Feindes durch diesen Einsatz gerechnet werden kann.

In der Herzegowina fügten unsere Truppen bei einem Angriff südlich Mostar dem Gegner hohe blutige Verluste zu. Zahlreiche Panzer und Gebirgsgeschütze wurden erbeutet oder vernichtet. In den Kämpfen, in denen ein beträchtliches Gebiet von den Banden gesäubert wurde, haben sich an der Seite deutscher Truppen kroatische Verbände besonders ausgezeichnet.

Nordamerikanische Terrorflieger warfen am gestrigen Tage Bomben im Großraum von Wien.

Das Fernfeuer auf London wird fortgesetzt.

Hauptmann Kucher hielt Willkühnen

2 T 34 und 17 feindliche Pakgeschütze erbeutet - 180 Bolschewisten vernichtet

Im Verlaufe der harten Abwehrkämpfe im Vorfelde der Festung Königsberg gelang dem Feinde am 25. Januar ein Einbruch in Regimentsstärke mit Panzerunterstützung bis in die eigenen Widerstandslinien in dem Dorfe Willkühnen.

Zur Unterstützung des Gegenangriffes unserer Infanterie werden fünf Sturmgeschütze der Panzerjäger-Abteilung K u c h e r einer Volksgrenadier-Division eingesetzt. Hauptmann Kucher übernimmt aus eigenem Entschluß die Gesamtführung des Unternehmens.

Durch geschlossene Feuerschläge seiner Sturmgeschütze und von drei Fla-Selbstfahrlafetten hält er den Feind nieder, stürmt persönlich zu Fuß voraus und reißt die Grenadiere mit Hurra gegen feindliche Panzer, Pak und Infanterie mit einem derartigen Angriffsschwung vor, daß der überraschte Gegner wieder aus dem Ort geworfen wird.

Zwei T 34, 17 bolschewistische Pak, 14 Lkw, 10 GrW und 14 MG werden erbeutet, 180 Feindtote allein in der Nähe des Ortseinganges gezählt.

Durch die entschlossene und schneidige Tat Hauptmann Kuchers kann die eigene HKL neu aufgebaut und bis zum nächsten Abend gehalten werden. Das Draufgängertum des bereits wiederholt besonders bewährten Offiziers und seine mitreißende Führung hat eine Krisenlage gemeistert, die Kampfkraft der eigenen Truppe maßgebend gestärkt, eine weitere Flankenbedrohung ausgeschaltet und die planmäßige Absetzbewegung auf die Feste Königsberg gewährleistet.

Hauptmann Karl Kucher ist 1909 in Lauffen am Neckar geboren und hauptamtlicher Standartenführer der SA. An Auszeichnungen wurden ihm bereits die Eisernen Kreuze beider Klassen, das Verwundetenabzeichen, die Ostmedaille, das Sturmabzeichen und das Deutsche Kreuz in Gold verliehen.

Der Reichsminister und Reichspropagandaleiter Parteigenosse Dr. Goebbels und der Reichsorganisationsleiter Parteigenosse Dr. Ley haben der ostpreußischen Bevölkerung ihre kameradschaftlichsten Grüße übermittelt.

Die ostpreußische Bevölkerung, vor allem die Einwohner der Gauhauptstadt Königsberg (Pr), nehmen von diesen Versicherungen der getreuen Verbundenheit aller gerade in den Tagen der Gefahr mit besonderer Freude Kenntnis.

Unsere Verpflichtung!

Die Gauhauptstadt Ostpreußens, K ö n i g s b e r g am Pregel, ist Frontgebiet geworden. Ein hartes Kriegsschicksal hat das Gesicht unserer Heimat gewandelt. Vor den Toren der Stadt steht der Feind, der bolschewistische Gegner, der mit gierigem Zugriff in den Besitz der Festung zu gelangen versucht.

So ist Königsberg in den letzten Tagen durch das unabänderliche Geschehen dieser weltweiten Auseinandersetzung zwischen Nationalsozialismus und Bolschewismus in das unmittelbare politisch-militärische Blickfeld Deutschlands und darüber hinaus der gesamten Welt gerückt.

Als Frontsoldaten liegen wir in den Vororten der Stadt, in den Forts der Festung, in den Sappen und Gräben, in den [illegible]ständen und den Feuerstellungen der Artill[illegible] Feinde gegenüber. Das Ziel des Gegners ist [illegible]kannt. Wir wissen, was es bedeuten würde, wenn es ihm gelänge, uns zu überwinden.

Königsberg! Stadt preußischer Soldatentradition, Stätte preußischer Pflicht und Kant'scher Philosophie. — Königsberg [illegible] der Erhebung Preußens in unglücklicher Zeit gegen den napoleonischen Feind: Die stolze Geschichte Preußens sei uns in diesen Tagen der Prüfung tiefinnere Verpflichtung.

Das Geschick dieses Krieges hat es gewollt, daß zahlreiche Söhne der ostpreußischen Heimat zu Verteidigern der Gauhauptstadt geworden sind. Viele von uns kennen den bestialischen Gegner aus härtesten und blutigsten Kämpfen in den Weiten Sowjetrußlands. Sie griffen an, wenn es befohlen wurde, sie hielten stand, wenn das Gesetz der Stunde es gebot. Sie hielten durch in den unvorstellbar harten Schlachten des Sommers, in den Schlammperioden des Frühjahrs und des Herbstes, in den Kämpfen frostklirrender Winter. Ostpreußisches Soldatentum hat sich würdig seiner preußisch-deutschen Tradition in einer geradezu wunderbaren Weise in diesem Kriege bewährt. Dessen wollen wir in diesen ernsten und entscheidungsschweren Stunden gedenken. Uns zurückerinnernd an die Großkämpfe gegen den satanischen Feind, wollen wir uns auf unsere eigene Kraft besinnen und allen Ereignissen, wie prüfend und hart sie auch immer sein mögen, standhalten.

Als fanatische Soldaten unseres Führers, als Träger und Verfechter der nationalsozialistischen Weltanschauung, sind wir ins Feld gezogen, um für A d o l f H i t l e r zu kämpfen und zu siegen. Auch Rückschläge können und dürfen den Glauben an den Sieg nicht erschüttern.

An die Seite der alten Frontsoldaten großer Schlachten und Kämpfe sind Volksgrenadiere, sind Volkssturmmänner, sind alt und jung, alle mit letzter Entschlossenheit und zähester Verbissenheit kämpfend, getreten.

Noch nie in diesem Kriege ist uns Soldaten aus allen Gauen des Großdeutschen Reiches unsere Verpflichtung so klar geworden, wie in diesen Tagen, da wir die stolze Stadt preußisch-deutscher Geschichte schützen müssen. Wir wissen deutsche Frauen und Kinder in ihren Mauern, und wir werden diese bis zum letzten Blutstropfen verteidigen.

Gewiß: Es ist eine Ruinenstadt, vor deren Toren und in deren Wällen und Forts wir kämpfen. Es ist aber deutsche Heimat, die wir mit unseren Leibern und mit unserer Entschlossenheit schützen.

In den lebenswichtigen Betrieben der Stadt geht die Arbeit ihren gewohnten Gang. Deutsche Arbeiter haben in den Jahren des Aufbaues die Sinngebung des Nationalsozialismus erfahren. Sie schaffen in den Fabriken und sind bereit, die Heimat bis zum letzten Mann, mit der Waffe in der Hand, zu verteidigen, in der Überzeugung daß der Führer nach dem Siege das aufbauen wird, was unsere ruchlosen Feinde vernichteten und zerstören.

Wir wissen, daß der bolschewistische Feind zu gegebener Stunde erneut gegen unsere Festung anrennen wird. Kampfentschlossen werden wir durchhalten und, wenn es sein muß, lieber sterben, als dem vertierten Feind in die Hände fallen.

Lieber tot als Sklave! Dieser stolze Friesenwort hat heute mehr denn je seine Bedeutung. Es sei uns Leit- und Richtschnur zugleich. Wir sind stark genug, allen Stürmen und Angriffen zu trotzen.

> **Unsere Wochen-Kampfparole**
> ***Wer in Ehren kämpft, wird damit sein Leben und das Leben seiner Lieben retten; wer aber sein Leben nicht einsetzen will, der wird eines schimpflichen Todes sterben.***

Es ist jetzt sinnlos, danach zu fragen, wie es kam, daß der Gegner bis in den Kern unseres Gaues eindringen konnte. Es sei unsere Verpflichtung, jetzt Tag und Nacht nur das eine Ziel im Auge zu haben: Durchhalten, kämpfen!

Auch die letzten Ereignisse können uns den Glauben an den Sieg der gerechten Sache nicht nehmen.

Am stärksten ist immer, wer sich seiner eigenen Stärke in Stunden der Gefahr bewußt ist. Wir bewundern die Haltung und das Vertrauen unserer Frauen in der Stadt. Wir werden uns dieses Vertrauens würdig erweisen.

Unsere Parole ist heute genau die gleiche wie dereinst in der Kampfzeit, als viele von denen, die heute als Soldaten die Gauhauptstadt schirmen in gläubiger Zuversicht als politische Kämpfer des Führers gläubigen Herzens durch die Straßen der Stadt zogen in der Überzeugung, daß der Sieg im Innern des Reiches einmal kommen würde.

Wir siegten damals gegen die Mächte der Finsternis. Trotz aller Rückschläge werden wir auch jetzt aus dem blutigen und gewaltigen Ringen als Sieger hervorgehen.

Ob Soldaten oder Volkssturmänner, ob Werktätige oder Frauen: Alle bekennen sich in diesen Stunden der Gefahr zum entschlossenen Kampf bis zum Siege. Führer, Volk und Vaterland: dem gelte unsere Verpflichtung!

Obergefreiter Herbert Schellhammer.

Hier spricht die Partei

Alle Männer Königsbergs im Alter von 16 bis 60 Jahren melden sich sofort, soweit sie nicht Soldat oder Volkssturmmann sind, zwecks Erfassung für Wehr- bzw. Volkssturmdienst bei nachstehenden Meldestellen:

Zimmermannschule, Messe-Hauptrestaurant, Adolf-Hitler-Schule.

Männer kriegswichtiger Betriebe werden freigestellt. Die Freistellung erfolgt auf Grund einer vom zuständigen Ortsgruppenleiter ausgestellten Bescheinigung. Meldung hat bis zum 3. Februar 1945 zu erfolgen.

Wer nach dem 3. Februar 1945 ohne Freistellungsschein angetroffen wird, wird nach den Kriegsgesetzen bestraft.

1. **Die Zivilbevölkerung wird aufgefordert, sich bei der Wohnortsgruppe, in deren Bereich sie sich befindet, zwecks Erfassung für die Verpflegung und wirtschaftliche Betreuung umgehend zu melden.**
2. **Die Verpflegung erfolgt durch Gemeinschaftsküchen der Ortsgruppe und in Gemeinschaftshaushalten.**
3. **In jeder Ortsgruppe wird eine Lebensmittelverteilungsstelle eingerichtet, die die Gemeinschaftsküchen und Gemeinschaftshaushaltungen versorgt.**
4. **Die Zivilbevölkerung wird darauf hingewiesen, daß alle Befehle über die Insicherheitbringung von Frauen und Kindern nur über die Ortsgruppen der NSDAP. gegeben werden. Alle von anderen Stellen kommenden Hinweise und Anordnungen sind Feindpropaganda und bei den Ortsgruppen zu melden.**
5. **Die Frauen und Mädchen werden aufgefordert, sofort aus allen erfaßbaren weißen Stoffen große Schneehemden für unsere Soldaten und Volkssturmmänner zu nähen und sie bei den Ortsgruppen abzuliefern.**
6. **Es ist der Zivilbevölkerung untersagt, Soldaten zu beherbergen. Die Soldaten gehören in die Sammelstellen. Wer Soldaten aufnimmt, macht sich des Landesverrates schuldig und wird nach den Kriegsgesetzen bestraft. Alle Drückeberger müssen von der Bevölkerung den Wehrmachts-, Partei- und Polizeidienststellen namhaft gemacht werden. Wenn der anständige Soldat vorn kämpft, muß der Drückeberger ergriffen und seiner gerechten Strafe zugeführt werden. Scharfe Kontrollen werden durchgeführt, um Ausreißer aufzugreifen. Die Bevölkerung soll diese Maßnahme unterstützen und Hinweise geben.**
7. **Die Frauen und Mädchen strafen Drückeberger mit Verachtung.**

Was unserer Verteidigung dient, ist richtig. Was dagegen kämpft, ist schlecht, und muß geahndet werden.

Wagner, Kreisleiter.

Ärztliche Versorgung der Bevölkerung

Der Sonderbeauftragte für die ärztliche Versorgung der Bevölkerung Königsbergs, Pg. Dr. Sett, gibt bekannt:

Ab sofort befindet sich die Dienststelle für den gesamten Gesundheitsdienst im Kampfabschnitt der Festung Königsberg im Stadthaus, Zimmer 122, I. Stock.

Hier melden sich sofort sämtliche männliche und weibliche Ärzte, Zahnärzte, Dentisten, Apotheker, Apothekenhelferinnen, Schwestern, Hebammen, soziale Hilfskräfte und DRK.-Angehörige zwecks sofortigen Einsatzes. Von dieser Meldung ist ausgenommen das gesamte Personal der in Betrieb befindlichen zivilen Krankenhäuser.

Schwere Krankheitsfälle in Privatquartieren sind bis zur endgültigen Regelung der ärztlichen Versorgung auch auf der Dienststelle im Stadthaus, Zimmer 122, anzumelden.

Allgemeinärztliche Sprechstunden:

In der Klinik Vogelweide 4: Dr. med. Hensel und Dr. med. Führer (laufend).

Chirurgische Sprechstunden in der Klinik Vogelweide 4: Obermedizinalrat Dr. Rauch (laufend).

Kinderärztliche Sprechstunden:

In der Universitätskinderklinik am Volksgarten.

Weitere ärztliche Versorgung in dringenden Fällen; ambulant in allen Krankenhäusern der Stadt.

Für Entbindungen stehen die Städtische Krankenanstalt, das Krankennaus der Barmherzigkeit, das Elisabethkrankenhaus in der Ziegelstraße und das Katharinenkrankenhaus zur Verfügung.

Krankentransportabteilung:

Ebenfalls Stadthaus, Zimmer 122.

Geöffnete Apotheken

Vorstadt:

„Altstadt-Apotheke", Ponarth,
Apotheke „Zum Weißen Adler", Börse, und
„Stern-Apotheke", Unterhaberberg.

Sackheim-Roßgarten:

„Germania-Apotheke", Hinter-Roßgarten 44, und
„Kreuz-Apotheke", Straße der SA. 70.

Steindamm-Tragheim:

„Apotheke May", Steindamm neben Alhambra, und
„Tragheim-Apotheke", Gesecusstraße.

Achtet auf die Verdunkelung, denn gerade in dieser Zeit ist Verdunklung ein besonderes Gebot.

Hufen—Amalienau:

„Beethoven-Apotheke", Beethovenstraße,
„Sonnen-Apotheke", Hindenburgstraße,
„Schwanen-Apotheke", Hagenstraße,
„Rosen-Apotheke", Hagenstraße,
„Storch-Apotheke", Ratshof,
„Hanseaten-Apotheke", Hammerweg 10,
„Luisen-Apotheke", Hufen-Allee 43.

Feiglinge wurden erschossen

Der Soldat kann sterben - der Deserteur muß sterben

Am gestrigen Vormittag um 10 Uhr wurden der Schütze Paul Kiefer aus Neuß-Düsseldorf und der ehemalige Gefreite Alfred Scheidereiter aus Königsberg (Pr) wegen Zersetzung der Wehrkraft und Entfernung von der kämpfenden Truppe mit der Absicht, sich dem Einsatz zu entziehen, am Nordbahnhof standrechtlich erschossen.

Im Anschluß an diese Exekution sprach der nationalsozialistische Führungsoffizier der Festung Königsberg zu den Anwesenden. Wenn der Führer bei Ausbruch dieses Krieges das Wort gebrauchte: „Der Soldat kann sterben, der Deserteur muß sterben", so hat das heute im sechsten Kriegsjahre mehr denn je seine Gültigkeit. Seit zweieinhalb Wochen stehen das deutsche Volk und die Front im Osten im schwersten Ringen dieses Krieges. Stalin glaubt die Zeit für gekommen, seine bolschewistischen Eroberungspläne von Wladiwostok bis Gibraltar nunmehr vollenden zu können. Die Härte dieser Zeit, das Leid und das Elend, das über unsere Frauen und Kinder hereingebrochen ist, ist uns Soldaten Verpflichtung zum Aushalten. Wenn dem einen oder dem anderen auch dabei die Knie schwach geworden sind und er glaubt, er könne nicht mehr weiter, so sind wir doch in der Gesamtheit des Volkes entschlossen, die Tradition unseres Waffenruhmes zu wahren und durch alle Not und Gefahren den Nationalsozialismus zum Siege zu tragen.

Wir müßten uns schämen, wollten wir vor diesem Feind zurückweichen. Die nächste Phase dieses Krieges wird von dem deutschen Soldaten bestimmt werden. Es wird der Tag kommen, wo wir uns wieder aus unseren Verteidigungsstellungen erheben und die roten Horden, die unser Heim und unsere Familie zerstören wollten, in ihre Steppen zurücktreiben.

Noch steht der Feind vor den Toren unserer Gauhauptstadt. Immer wieder versucht er, mit einem Masseneinsatz von Menschen und Material den Wall zu durchbrechen. Es kommt darauf an, daß jeder von uns, Soldat und Volkssturmmann, Frau und Hitlerjunge, in diesen kritischen Stunden die Nerven behält und fest und entschlossen ist, auszuharren und zu kämpfen. Sich wehren, hat einen Sinn! Müßig und tatenlos sich dem Schicksal ergeben, bedeutet Tod und Vernichtung! Der Soldat in den Gräben vor der Stadt wird das Gelöbnis, das er dem Führer gegeben hat, halten. Feiglinge und Drückeberger gleich welchen Ranges werden wir ausmerzen. Es muß und wird einer tapferen Königsberger Kampfgemeinschaft gelingen, nicht nur Krisenstunden der Einschließung durch den Feind durchzustehen, sondern zu einer kommenden Wende entscheidend beizutragen!

Das Standgericht einer Volksgrenadierdivision verurteilte einen Gefreiten zum Tode, weil er sich in seiner Wohnung in Königsberg in Zivilkleidung verborgen hielt, um sich auf diese Weise dem Wehrdienst zu entziehen und sein Leben zu retten.

Weiter wurde ein Feldwebel der Luftwaffe zum Tode verurteilt. Er hatte den Versuch zur Selbstverstümmelung gemacht und Geisteskrankheit vorgetäuscht, um auf diese Weise mit einer Ju 52 ins Reichsgebiet in Sicherheit gebracht zu werden.

Beide Urteile wurden gestern um 16,30 Uhr in Anwesenheit von Soldaten der in der Nähe liegenden Einheiten der Festung Königsberg vollstreckt.

Spart Gas und Strom!

Der Oberbürgermeister der Stadt Königsberg, Dr. Will, erläßt folgende Ermahnung an die Königsberger Bevölkerung:

Königsberger!

Beachtet die zur Aufrechterhaltung Eurer eigenen Versorgung erforderlichen Sparmaßnahmen. Der Verbrauch von Gas und elektrischem Strom ist auf das Alleräußerste zu drosseln. Die Benutzung von Gasbadeöfen und Durchlauferhitzern ist strengstens untersagt. Beim plötzlichen Verlassen der Wohnungen infolge Artilleriebeschusses oder Bombenabwurfes sind die Gashähne sofort zu schließen und das Licht auszuschalten. Jeder Haushalt sorgt für einen Trinkwasservorrat durch Füllung aller verfügbaren Gefässe.

Sendezeiten des Reichssenders Königsberg (Pr).

Der Reichsender Königsberg sendet sein Programm von 6.00 bis 9.15 Uhr, 12.00 bis 15.15 Uhr, 17.00 bis 18.15 Uhr und 20.00 bis 22.15 Uhr.

Warnung vor Agenten!

Es sind feindliche Agenten in Königsbrg am Werk, Unruhe unter der Bevölkerung zu stiften. Sie tragen defaitistische Parolen an die Volksgenossen heran und übermitteln falsche Befehle und Anordnungen von Dienststellen.

Volksgenosse, sieh Dir jeden Befehlsübermittler an! Lerne die Männer Deiner Ortsgruppe kennen, damit Du sie bei Befehlsübermittlungen wiedererkennst. Halte ständig Verbindung mit Deiner Ortsgruppe, mache Rückfragen, die Dir die Richtigkeit von Befehlen bestätigen. Melde jeden Verdächtigen der Ortsgruppe. Sei wachsam!

Verantwortlich für den Gesamtinhalt: Die NSDAP Ostpreußen.

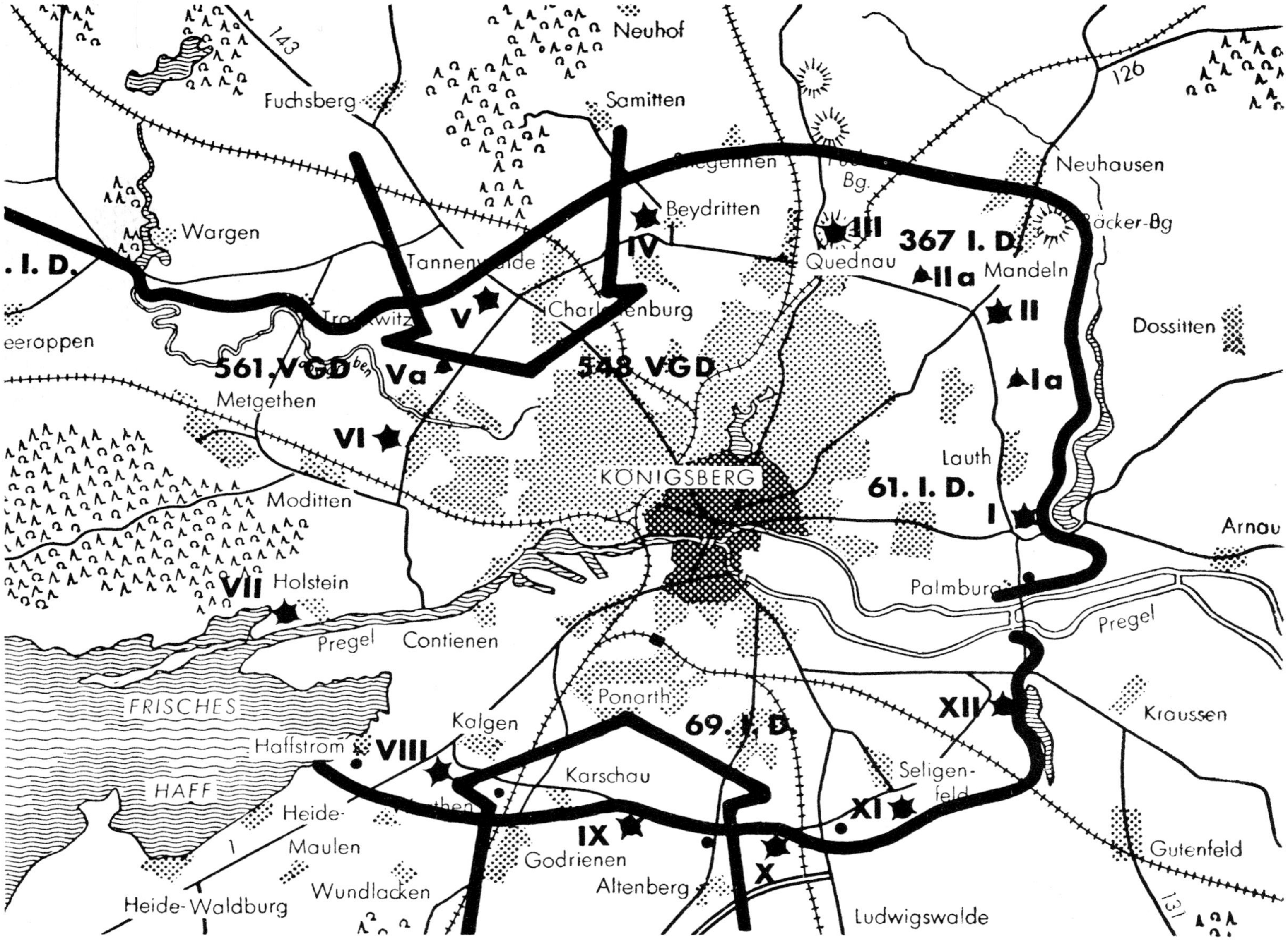

General Lasch, am 27. Januar 1945 zum Kommandanten der „Festung Königsberg" ernannt, übernahm angesichts der überlegenen Feindlage eine ungeheuer schwere Aufgabe, zumal die eigentliche Festungsbesatzung zu dieser Zeit nur aus 30 000 bis 35 000 Mann und 8000 Volksgrenadieren bestand. Den Kern der Truppen bildete die 1. Ostpreußische Infanterie-Division und die stets zur Verfügung stehende „Feuerwehr", die 5. Panzer-Division.

Mit dem überraschenden Einbruch der Russen bei Metgethen am 29./30. Januar traf die Festung ein schwerer Schlag. Die lebenswichtige Verbindung mit Pillau ging damit verloren. Am 22. Februar gelang es jedoch durch einen Ausfall, die Verbindung mit Pillau wiederherzustellen. Zugleich wurde Metgethen zurückerobert. Auch hier boten sich den deutschen Truppen grauenvolle Bilder, ebenfalls die Auswirkung der sowjetischen Aufrufe: „Tötet, Tötet!"

Mit mehr als 100 Divisionen, zwei Panzerkorps und einem Drittel der russischen Luftflotte begann dann am 5. April 1945 der Großangriff. Über die militärischen Aktionen berichtet General a. D. Dr. Grosse:

Am Abend des 9. April 1945 unterschrieb der Kommandant der Festung Königsberg General Otto Lasch die bedingungslose Kapitulation.

▷

„Schwerpunkt der Angriffskeile waren Ponarth im Süden, Tannenwalde-Charlottenburg im Nordwesten: Zwei Tage darauf war der Nasse Garten verloren, im Norden ging der Einbruch über Juditten bis zu den Hufen. Erschreckend schnell und erbarmungslos kam das Ende heran, manch einer ging freiwillig aus dem Leben, das ihm in der Zukunft nicht mehr lebensfähig erschien.

Am 8. April überschritt der Russe in der Nähe der gesprengten Reichsbahnbrücke den Pregel und bildete bei Kosse einen Brückenkopf. Noch einmal kam es in den späten Abendstunden auf Drängen der Partei zu einem von vornherein aussichtslosen Ausbruchsversuch der Bevölkerung unter Militärschutz in Richtung Samland, der sehr schnell scheiterte. An einigen Stellen waren die Russen jetzt bereits in der Stadt, die deutschen Widerstandsgruppen hatten oft keinen rechten Zusammenhang mehr. Außer Schloß und der Gegend um die Universität konnten zuletzt nur noch einige Gebäudegruppen wie z. B. Trommelplatzkaserne und Teile der alten Stadtumwallung mit letzter Anstrengung gehalten werden.

Die Lage war völlig aussichtslos geworden, und so entschloß sich General Lasch in seinem Bunker am Paradeplatz, auch mit Rücksicht auf die wohl immerhin noch mehr als 100 000 Köpfe und rund 15 000 Fremdarbeiter und Kriegsgefangene zählende Bevölkerung zur Kapitulation, deren Bestimmungen später jedoch keineswegs gehalten wurden. Es wurde Abend, ehe die Kunde davon bei all den zerstreuten deutschen Truppen durchgedrungen war.

Schon am nächsten Morgen begann nach Abgabe aller Waffen nach sieben Wochen tapfersten Widerstandes der traurige Marsch in die für die meisten jahrelange Gefangenschaft. Der ganze Schrecken asiatischer Barbarei brach nun über die unglückliche Stadt herein, die bis daher alles so standhaft ertragen hatte: Sie wurde vom 10. bis 12. April der zum Teil betrunkenen sowjetischen Soldateska gegen alles Völker- und Kriegsrecht zur Plünderung und Brandschatzung freigegeben."

Aus dem Bericht einer Krankenschwester, die, wie sie schreibt, „teils wegen der Umstände, teils aus Entschlußlosigkeit und dem Zwiespalt zwischen der Sorge um die eigene Sicherheit und der übernommenen Hilfspflicht die Gelegenheit verpaßte, im letzten Moment aus der Stadt zu gelangen, die sodann der Schauplatz bestialischer Grausamkeiten werden sollte":

„... Dann entstand eine unheimliche Stille. Kein Schuß fiel mehr. Nur das Prasseln des wütenden Flammenmeeres war zu hören.

Königsberg hatte kapituliert.

Um sieben Uhr früh betritt der erste Russe den Bunker. Es ist ein Mongole.

Seine Worte sind: ‚Uhr' und ‚Frau komm!'

Und dann beginnt es.

Wie Tiere stürzen sich die hereinflutenden Russen auf die Menschen, reißen ihnen Uhren und Ringe vom Leibe und ergreifen Frauen und Mädchen. Ein betrunkener Major packt mich: ‚Komm mit!'

Da ich gut russisch spreche, verteidige ich mich auf russisch:

‚Gorod wi mochete wsjat, no nje shenschtshin!' ‚Die Stadt dürft ihr nehmen, uns Frauen nicht!'

Er stutzt, läßt von mir ab. Ich hätte nie gedacht, daß ein Russe sich aus seinem besoffenen Zustand so plötzlich wandeln kann.

Er: ‚Kuda ti idiosch?' ‚Wohin willst du?'

Ich: ‚W bolnizu.' ‚Zum Krankenhaus.'

Er, mich am Handgelenk packend: ‚Ja tak delaju tolko dlja soldat.' ‚Ich tue nur so wegen der Soldaten.'

Damit zerrt er mich aus dem Keller und tut, als ob er mich schlagen wolle. Dann bringt er mich tatsächlich bis zum Städtischen Krankenhaus. Auf den Straßen bot sich mir ein schreckliches Bild. Überall lagen Tote oder vielmehr Ermordete. Ich sah Menschen mit durchschnittenen Hälsen. Gleich vor dem Haus lag der Kopf eines mir bekannten Fleischers aus Memel, der dem Volkssturm angehörte. Sein Körper lag einige Schritte daneben.

Als ich Russen sah, die abgeschlagene Köpfe mit den Füßen vor sich herstießen oder sie auf Bajonetten trugen, glaubte ich, mich unter Irrsinnigen zu befinden.

Aus den Häusern ertönte furchtbares Schreien von Frauen und dazwischen das Brüllen russischer Soldaten. Peitschende Schüsse waren zu hören."

Im Herbst 1947 wurde diese Zeitzeugin mit 400 weiteren Frauen aus Königsberg ausgewiesen. Sie beschließt ihren erschütternden Bericht mit folgenden Worten:

„Meine Erlebnisse in Königsberg sind nur ein kleiner Ausschnitt aus dem, was seit dem Einmarsch der Russen in der ostpreußischen Hauptstadt und überhaupt in unserer ostdeutschen Heimat geschah. Es wird nicht nur bei den früheren Königsbergern Interesse finden, sondern darüber hinaus müßte jeder Deutsche wissen, was damals in jenem Teil seines Vaterlandes vor sich ging."

Der Eisenbahner Adolf Fregin berichtet:

„Ich befand mich beim Einrücken der Russen bei meiner Dienststelle am Hauptbahnhof...

Alle im Umkreis des Bahnhofs angetroffenen Personen wurden zusammengetrieben und gefangen genommen. Die ungefähr 3500 Men-

Etwa 30 000 bis 35 000 Soldaten traten den Weg in die Gefangenschaft an. Von den zurückgebliebenen 100 000 deutschen Zivilisten und 15 000 Fremdarbeitern sind die Erschlagenen, Verschleppten und Verhungerten nie gezählt worden. Als die Deutschen im Frühjahr 1947 von den Sowjets entlassen wurden, lebten von ihnen nur noch etwa 25 000.

▷

schen, mit denen zusammen ich festgesetzt wurde, blieben zunächst vier Tage im Vorort Ponarth, wohin man sie getrieben hatte. Wer nicht in Kellerräumen Platz fand, mußte im Freien lagern. Weder am ersten noch am folgenden Tage gab es Essen oder Trinken. Da wegen der strengen Bewachung keine Nahrungsmittel durch Selbsthilfe herbeigeschafft werden konnten, entstand bald, besonders unter den Frauen und Kindern, große Not. Doch das war nur der Anfang eines langen Elendsweges.

Ich war mit etwa vierzig Personen in einem Kellerraum zusammengepfercht. Kälte, Hunger und das Fehlen einer Ruhemöglichkeit wurden unerträglich. Dazu war es verboten, den Keller zur Verrichtung der Notdurft zu verlassen ... Dauernd stürzten Russen herein und entrissen den Eingesperrten Uhren, Ringe oder was ihnen sonst wert erschien. Selbst Kleidungsstücke wurden manchem vom Leibe gezerrt. Frauen und Mädchen mußten immer wieder Vergewaltigungen über sich ergehen lassen. Ich bin Zeuge gewesen, wie Müttern die Töchter bis zum Alter von zehn Jahren herab, und wie den Kindern die Mütter oft zehn- bis fünfzehnmal am Tage fortgerissen wurden. Ich bin an sich ein recht nüchterner und real denkender Mensch, aber die Szenen, die sich vor meinen Augen abspielten, werden mir stets als etwas Entsetzliches in Erinnerung bleiben. Wer sich anfangs noch widersetzte und dafür Roheiten zu ertragen hatte, war bald in apathischer Gleichgültigkeit seinem Schicksal ergeben. Manche, die sich sträubte, wurde unter Mißhandlungen hinausgezerrt. Weinend und mit zerrissenen Kleidern kam sie dann zurück und hockte sich nieder, bis die nächste Horde eindrang."

Preis 20 Kop

Neue Zeit

Zeitung für die deutsche Bevölkerung des Kaliningrader Gebietes

Nr. 5 | Erscheint zweimal wöchentlich | Donnerstag, 10. Juli 1947

AN DIE ARBEIT!

Im Unterschied zu allen kapitalistischen Ländern besitzt die Sowjetunion eine sozialistische Volkswirtschaft. Sie kennt weder Krisen noch Arbeitslosigkeit, die Elend und Verarmung hervorrufen, und gibt der gesamten Bevölkerung des Landes alle Möglichkeiten zu einem Leben in Wohlstand und Kultur.

In besonders anschaulicher Weise zeigt sich dieses jetzt unmittelbar nach Beendigung des zweiten Weltkrieges, den die reaktionärste menschenhassende Schicht der Weltbourgeoisie, der Faschismus, organisiert und entfesselt hat. Bekanntlich hat unser Land infolge des Überfalls der deutsch-faschistischen Armeen und der aller Satelliten Hitlerdeutschlands den grössten Schaden erlitten. Aber es ist auch bekannt, dass die Sowjetunion auf der Grundlage des Stalinschen Fünfjahresplanes am erfolgreichsten das Zerstörte wieder herstellt und seine Volkswirtschaft und Kultur weiter entwickelt.

Dies wird auch aus dem Beispiel des Kaliningrader Gebiets ersichtlich. Dutzende der grössten Werke und Fabriken, Eisenbahn- und Seeverkehrslinien sind bereits wieder hergestellt und in Betrieb. Die Gebäuderuinen der Städte verwandeln sich in wohleingerichtete Wohnungen. Immer mehr Sowjet- und Kollektivwirtschaften, Schulen und Fachlehranstalten entstehen.

Jeder Mann und jede Frau der deutschen Bevölkerung besitzt die Möglichkeit, durch fleissige und eifrige Arbeit die Befriedigung der Lebensbedürfnisse seiner Angehörigen sicherzustellen. Es muss gesagt werden, dass Hunderte und Tausende deutscher Arbeiter dies begriffen haben. Davon sprechen die von uns heute veröffentlichten Unterlagen aus dem Werk, in welchem Genosse Lawrow Direktor ist, und aus der Garnrollenfabrik.

Wir empfehlen jedem unserer Leser den Weg, den Kurt Klinge, Max Glenk, Charlotte Abrussat und die Familien von Hans Marter, Fritz Glodschey und Max Samland unbeirrbar gehen. Das ist der einzig richtige Weg. Nur durch fleissige Arbeit vermag die deutsche Bevölkerung des Kaliningrader Gebietes ihr Wohlergehen zu sichern. Nur die eigenen Fähigkeiten und die eigene Arbeit bestimmen das Mass des Wohlergehens.

Die Tore aller Fabriken, Werke, Werkstätten und Sowjetwirtschaften unseres Gebiets stehen der deutschen Bevölkerung offen. Jeder Arbeitswillige vermag mit Leichtigkeit eine Stelle für den Einsatz seiner Kräfte und Fähigkeiten zu finden und eine dem Mass und der Güte seiner Arbeit entsprechende Bezahlung zu erhalten.

An die Arbeit! — das ist die Losung des Tages.

Eröffnung neuer Läden

Die städtische Fischerei-Kooperative eröffnete eine Verkaufsstelle mit einer Industriewaren- und einer Lebensmittelabteilung, eine Verkaufsstelle für Industriewaren, mehrere Teestuben und Cafes. Unlängst wurde ein Laden der „Mjasso-Ryba" eröffnet, der eine reiche Auswahl von Fleischwaren und Fischen führt.

Sie arbeiten gut und verdienen gut

Der Korrespondent der Zeitung „Neue Zeit" wandte sich an den Gen. Borodin, den Leiter der wichtigsten Abteilung des Werkes, in welchem Gen. Lawrow Direktor ist, mit der Frage, wie die deutschen Arbeiter in dieser Abteilung arbeiten.

Ich muß meine große Zufriedenheit mit der Arbeit vieler deutscher Arbeiter in der von mir geleiteten Abteilung zum Ausdruck bringen, erklärte Gen. Borodin.

Als Beispiel nannte er Kurt Klinge. Als Monteur hat sich Kurt Klinge in der Abteilung durch sorgfältige, genaue und selbständige Arbeit empfohlen. Er hat ständig das Dreifache seiner Norm erfüllt. Sein Verdienst erreicht 2500 Rubel im Monat. Außerdem erhält Kurt Klinge Verpflegung nach dem Höchstsatz für Arbeiter.

Auch Max Glenk bleibt hinter ihm nicht zurück. Außer der Montage führt er meisterhaft die Bearbeitung von Metall aus und versieht die Aufgaben eines Elektro-Schweißers. Sein Lohn ist ebenso hoch wie der von K. Klinge. Hinsichtlich der Verpflegung gehört er ebenfalls zur höchsten Kategorie

Alle Familienmitglieder verdienen

Fritz Glodschey und Max Samland haben viele Jahre lang in der Garnrollenfabrik gearbeitet. Sobald sie hörten, daß die Sowjetmacht beschlossen hatte, die Fabrik wieder in Betrieb zu setzen, kehrten sie an ihre alten Arbeitsplätze, in den Heizraum, zurück. Sie verstehen ihre Sache ausgezeichnet und versehen ihre Arbeit gewissenhaft. Deshalb spricht sich die Verwaltung der Fabrik mit Achtung über diese Heizer aus und sichert ihnen gute Bezahlung und bessere Verpflegung.

Es ist wichtig, noch einen Umstand zu erwähnen. Zusammen mit M. Samland arbeiten in der Fabrik seine Tochter Gertrud und seine Enkelin Edith. Edith arbeitet an der Werkbank der Blockmaschine. Sie ist erst ein Jahr in der Fabrik und erfüllt die Normen nach dem Beispiel der russischen Stachanow-Arbeiterin Mjatnikowa zu 136 Prozent und erreicht in manchen Schichten noch höhere Leistungen. Ebenso gewissenhaft arbeiten in der Fabrik die Frau und Tochter des Heizers F. Glodschey.

Man darf auch den Namen von Charlotte Abrussat nicht verschweigen, die an der Werkbank arbeitet. Sie dreht die Garnrollen an der Drehbank ab, wobei sie die Normen stets übererfüllt und der besten Stachanow-Arbeiterin Burlakowa nur wenig nachgibt. Charlotte Abrussat verdient bis 600 Rubel monatlich und wird als beste Arbeiterin bevorzugt mit Lebensmitteln versorgt.

J. Sergejew

Schulen für deutsche Kinder

Nicht geringe Mühe ist von den Sowjetbehörden aufgewandt worden, um den Unterricht in den deutschen Schulen zu organisieren. Man musste geeignete Gebäude aussuchen, sie wieder herstellen, Lehrbücher vorbereiten und die Umschulung der Lehrer durchführen. Viele von den deutschen Kindern haben mehrere Jahre lang keine Schule besucht und einige sind überhaupt noch nie in der Schule gewesen.

Gegenwärtig gibt es im Kaliningrader Gebiet 43 deutsche Schulen — 8 siebenklassige und 35 Grundschulen. Hiervon bestehen 15 bei Kinderheimen.

In Kaliningrad selbst gibt es im ganzen 5 deutsche Schulen — 2 siebenklassige und 3 Grundschulen.

Gegenwärtig wird die Vorbereitung zum neuen Schuljahr durchgeführt. Die Schulen werden instandgesetzt und die Unterrichtspläne aufgestellt. Das Ministerium für Volksbildung hat zugesagt, Schulbücher für die erste und vierte Klasse zu schicken. Die Bücher befinden sich augenblicklich im Druck. Die Anmeldung der Kinder ist im Gange.

In dem Plan für den Sommer sind Ausflüge, die Sammlung von Arzneipflanzen und Vorlesungen vorgesehen.

Von den besonders guten Lehrern von Kaliningrad kann man erwähnen die Lehrer: Grabowski, welche die 1. Klasse der Schule Nr. 3 leitet, Konopatzki, welcher die 4. Klasse der Schule Nr. 1 leitet, und Sablonski von der Schule Nr. 2; aus Sowjetsk die Lehrer Schieder und Jakubeit, aus Ragnit die Lehrerin Schuchardt, die die 4. Klasse leitet.

Die Lehrer erziehen im Geiste der Kameradschaft, der Ordnung und Genauigkeit. Die Schüler erhalten in der Schule Brotkarten; eine ärztliche Überwachung wurde eingerichtet.

T. Kondakowa.

AUS DER SOWJETUNION

Wachstum der Wirtschaft und Kultur Jakutiens.

Vor einigen Tagen beendete die Tagung des Obersten Sowjets der Jakutischen Autonomen Sowjetrepublik ihre Arbeit. Die Tagung behandelte die Frage des Staatshaushalts für das Jahr 1947 und die Erfüllung des Staatshaushaltsplanes für das Jahr 1946. Im Vergleich zum vorigen Jahr hat sich der Staatshaushalt um fast 62 Millionen Rubel erhöht — das sind mehr als 25 Prozent.

Ein zweites Aggregat im Dnjepr-Kraftwerk.

Die Aufstellung des zweiten Aggregats des Dnjepr-Kraftwerks, das in diesem Monat in Betrieb genommen werden soll, nähert sich ihrem Ende. Der Rotor des Generators, der ein Gewicht von mehr als 500 Tonnen hat, wurde kürzlich montiert, indem er mit Hilfe von 2 Brückenkränen in den Stator eingelassen wurde.

Feiertag in Bjelorußland.

Am 3. Juli jährte sich zum dritten Mal der Tag der Befreiung Sowjet-Bjelorußlands von den deutsch-faschistischen Eindringlingen. Die Republik hat umfangreiche Wiederherstellungsarbeiten durchgeführt. Mehr als 6000 Unternehmungen sind wieder in Betrieb genommen und liefern verschiedenartige Erzeugnisse. In der Republik werden ein Traktorenwerk, ein Autowerk, eine Lokomobilfabrik, ein Fahrradwerk, eine Fabrik für feine Tuche und viele andere Unternehmungen errichtet.

In der Republik arbeiten 11 300 Anfangs-, nicht volle und volle Mittelschulen und 25 höhere Lehranstalten.

Anläßlich des Feiertages fanden in den Städten und Dörfern Bjelorußlands feierliche Versammlungen statt.

Getreide an den Staat

Aus Stawropol (Nord-Kaukasus) wird berichtet, daß nach der Gerste auch der Winterweizen schnittreif geworden ist. Eine gute Ernte erzielten die Kollektivwirtschaften einer Reihe von Bezirken.

Die Ablieferung des Weizens an den Staat hat begonnen.

Ein neuer Kanal in Georgien

Aus Tbilissi wird berichtet, daß der erste Bauabschnitt des Ssaltwijsker Bewässerungskanals fertiggestellt worden ist. Diese Berieselungsanlage hat für 4000 ha Kolchosländereien Wasser geliefert. Nach vollständiger Durchführung des Baus wird der Kanal 18 000 ha bewässern.

Auf der Baustelle arbeiteten Tausende von Kolchosbauern mit großem Schwung. Sie haben beschlossen, den Bau des Kanals im Jahre 1948 zu vollenden.

Eine Erklärung W. M. Molotows auf der Beratung der Aussenminister der UdSSR, Frankreichs und Englands

Paris, 2. Juli (TASS). Der Außenminister der UdSSR, W. M. Molotow, sprach heute auf der Beratung der Außenminister der UdSSR, Frankreichs und Englands. W. M. Molotow erklärte:

Die sowjetische Delegation hat den Vorschlag der französischen Delegation vom 1. Juli aufmerksam studiert. Ebenso wie der vorhergehende Vorschlag der britischen Delegation, stellt der französische Entwurf die Aufgabe der Ausarbeitung eines Wirtschaftsprogramms für ganz Europa, obgleich die Mehrzahl der europäischen Länder bekanntlich noch keine eigenen gesamtstaatlichen Wirtschaftsprogramme besitzt. Zwecks Ausarbeitung eines solchen allumfassenden europäischen Programms wird vorgeschlagen, eine besondere Organisation zu bilden, die beauftragt werden soll, die Hilfsquellen und die Bedürfnisse der europäischen Staaten festzustellen und sogar die Entwicklung der Hauptindustriezweige in diesen Ländern zu bestimmen und erst dann die Möglichkeit des Empfanges amerikanischer wirtschaftlicher Hilfe klarzustellen.

Auf diese Weise diente die Frage der amerikanischen wirtschaftlichen Hilfe, über die übrigens bisher nichts bestimmtes bekannt ist, als Vorwand dafür, daß die britische und französische Regierung jetzt die Schaffung einer neuen Organisation zu erreichen versuchen, die über den europäischen Ländern steht und sich in die inneren Angelegenheiten der Länder Europas – bis zur Bestimmung dieser oder jener Richtung der Entwicklung der Hauptindustriezweige in diesen Ländern — einmischt. Hierbei beanspruchen England und Frankreich zusammen mit den ihnen nahestehenden Ländern eine beherrschende Stellung in dieser Organisation oder, wie es im britischen Entwurf heißt, in dem sogenannten „leitenden Ausschuß" für Europa.

Es werden jetzt mündliche Vorbehalte gemacht, daß die erwähnte Organisation sich angeblich nicht in die inneren Angelegenheiten dieser Staaten einmischen und ihre Souveränität nicht verletzen wird. Aber aus den Aufgaben, welche dieser Organisation oder dem „leitenden Ausschuß" gestellt sind, wird es ganz offensichtlich, daß die europäischen Länder zu unter Kontrolle stehenden Staaten werden und die bisherige wirtschaftliche Selbständigkeit und nationale Unabhängigkeit einigen starken Mächten zuliebe einbüßen. In jedem Falle schlägt man jetzt vor, die Möglichkeit des Empfanges amerikanischen Kredits durch dieses oder jenes Land von einem gehorsamen Verhalten gegenüber der erwähnten Organisation und ihrem „leitenden Ausschuß" abhängig zu machen.

Wohin kann das führen?

Heute kann man auf Polen einen Druck ausüben, mehr Kohle zu produzieren, wenn auch auf Kosten der Einschränkung anderer Zweige der polnischen Industrie, da irgendwelche europäischen Länder daran interessiert sind; morgen sagt man, daß man verlangen müsse, daß die Tschechoslowakei die Produktion landwirtschaftlicher Erzeugnisse vergrößere und ihren Maschinenbau einschränke und schlägt vor, daß die Tschechoslowakei Maschinen von anderen europäischen Ländern bezieht, die ihre Waren zu einem höheren Preis abzusetzen wünschen; oder, worüber unlängst einige Zeitungen schrieben, man wird Norwegen zwingen, auf die Entwicklung seiner Stahlindustrie zu verzichten, da hiermit gewissen ausländischen Stahlgesellschaften besser gedient ist usw. Was bleibt dann von der wirtschaftlichen Selbständigkeit und der Souveränität solcher europäischer Länder übrig? Wie können die kleinen Länder und überhaupt die weniger starken Staaten unter solchen Umständen ihre nationale Wirtschaft und staatliche Unabhängigkeit bewahren?

Die Sowjetregierung kann natürlich nicht diesen Weg gehen. Sie hält auch jetzt ihre Vorschläge aufrecht, die sie am 30. Juni auf dieser Beratung gemacht hat.

Die Sowjetregierung teilt auch nicht jene Begeisterung bezüglich ausländischer Unterstützung, die in dem letzten französischen Entwurf in Erscheinung tritt.

Wenn man danach strebt, daß Europa vor allem sich selber hilft und seine wirtschaftlichen Möglichkeiten entwickelt, so wie nach einem Austausch unter den Ländern, so entspricht dies den Interessen der europäischen Länder. Wenn man aber erklärt, wie dies in dem französischen Entwurf geschieht, daß bei der Wiederherstellung des wirtschaftlichen Lebens der Länder Europas der entscheidende Platz den Vereinigten Staaten von Amerika zukommt und nicht den europäischen Ländern selber, so widerspricht eine solche Einstellung den Interessen der europäischen Länder, da dies zu einem Verzicht auf wirtschaftliche Selbständigkeit führen kann, was mit der Erhaltung der nationalen Souveränität unvereinbar ist. Die sowjetische Delegation ist der Ansicht, daß eine entscheidende Bedeutung für die europäischen Länder die inneren Maßnahmen und nationalen Anstrengungen jedes Landes haben müssen und nicht die Rechnung auf ausländische Unterstützung, die untergeordnete Bedeutung haben muß. Selbst unter den schwierigsten Bedingungen hat die Sowjetunion immer vor allem auf ihre eigene Kraft gezählt und bekanntlich schreitet sie auf dem Wege unablässigen Aufschwunges ihres Wirtschaftslebens vorwärts.

Es gibt zwei Arten internationaler Zusammenarbeit.

Die eine Art der Zusammenarbeit beruht auf der Entwicklung politischer und wirtschaftlicher Beziehungen unter gleichberechtigten Staaten, wobei ihre nationale Souveränität nicht unter ausländischer Einmischung leidet. Das ist die demokratische Grundlage der internationalen Zusammenarbeit, welche die Völker einander näher bringt und das Werk gegenseitiger Hilfe unter ihnen erleichtert. Es gibt eine andere Art internationaler Zusammenarbeit, die auf die herrschende Stellung einer oder mehrerer starker Mächte im Verhältnis zu anderen Ländern gegründet ist, die in die Lage von unterworfenen, der Selbständigkeit beraubten Staaten geraten sind. Es ist ganz offensichtlich, daß die erste Art von Zusammenarbeit unter den Staaten, bei der sie als gleichberechtigte Partner auftreten, sich von Grund aus von der zweiten Art internationaler Zusammenarbeit unterscheidet, bei der dieser Grundsatz nicht beachtet wird.

Die Sowjetregierung, die eine positive Haltung zur Entwicklung einer internationalen Zusammenarbeit auf der Grundlage der Gleichberechtigung und der gegenseitigen Achtung der Interessen der sich miteinander verständigenden Länder einnimmt, kann nicht irgendjemand dabei helfen, seine Angelegenheiten auf Kosten anderer zu besorgen, auf Kosten weniger starker oder kleiner Staaten, da dies mit der normalen Zusammenarbeit unter den Staaten nichts gemein hat. Da die Sowjetregierung der Ansicht ist, daß der englisch-französische Plan der Schaffung einer besonderen Organisation zur Koordinierung der Wirtschaft der europäischen Staaten zur Einmischung in die inneren Angelegenheiten der europäischen Staaten führt – besonders derjenigen, die äußerer Hilfe mehr bedürfen – und daß dies die Beziehungen zwischen den Ländern Europas nur komplizieren und die Zusammenarbeit unter ihnen erschweren kann, lehnt sie diesen Plan als gänzlich unbefriedigend und nicht geeignet, positive Ergebnisse zu liefern, ab. Andererseits tritt die Sowjetunion für die größtmögliche Entwicklung der wirtschaftlichen Zusammenarbeit unter den europäischen und anderen Ländern auf der gesunden Grundlage der Gleichberechtigung und gegenseitigen Achtung der nationalen Interessen ein und hat hierzu durch Ausdehnung des Handels mit andern Staaten selber ständig beigetragen und wird dies auch künftig tun.

Besondere Beachtung verdient der Umstand, daß die französisch-britischen Vorschläge die Frage Deutschlands und seiner Hilfsquellen aufwerfen. Es wird vorgeschlagen, daß die obenerwähnte Organisation oder der „leitende Ausschuß" sich auch mit der Ausnutzung der deutschen Hilfsquellen befassen solle, obgleich es allgemein bekannt ist, das die berechtigten Reparationsforderungen der durch den deutschen Angriff geschädigten verbündeten Länder doch unbefriedigt geblieben sind. Also man trägt für die Länder, die während des Krieges die größten Opfer gebracht und ihren wichtigen Beitrag für die Sache des Sieges der Verbündeten geleistet haben, nicht nur keine besondere Sorge, sondern schlägt vor, gerade auf ihre Kosten die Hilfsquellen Deutschlands für andere Zwecke zu verwenden, aber nur nicht für Reparationen.

Andererseits wird nichts für die Beschleunigung der Bildung einer gesamtdeutschen Regierung unternommen, die besser als irgend ein Anderer für die Bedürfnisse des deutschen Volkes Sorge tragen könnte. Im Gegenteil wird in den westlichen Zonen Deutschlands die Politik der Föderalisierung Deutschlands sowie die Linie einer immer stärkeren Loslösung der deutschen Westgebiete vom übrigen Deutschland weiter verfolgt, was unvereinbar ist mit einer wirklichen Wiederherstellung Deutschlands als eines geeinten demokratischen Staates, der zur Familie der friedliebenden Staaten Europas gehört.

Wozu wird die Verwirklichung des vorgelegten französisch-britischen Vorschlages über die Schaffung einer besonderen Organisation oder eines „leitenden Ausschusses" für die Aufstellung eines allumfassenden europäischen Wirtschaftsprogramms führen?

Dies wird zu nichts Gutem führen.

Es wird dazu führen, daß England, Frankreich und die Gruppe der ihnen folgenden Länder sich von den übrigen Staaten Europas absondern, was Europa in zwei Staatengruppen aufspalten und neue Schwierigkeiten in ihren gegenseitigen Beziehungen schaffen würde. In diesem Falle werden die amerikanischen Kredite nicht dem Werk der wirtschaftlichen Wiederherstellung Europas dienen, sondern der Benutzung der einen europäischen Länder gegen die anderen in dem Sinne, wie einige nach der Herrschaft strebenden starken Mächte es als für sich vorteilhaft erachten.

Die Sowjetregierung hält es für notwendig, die Regierungen Englands und Frankreichs auf die Folgen solcher Handlungen hinzuweisen, die nicht auf eine Vereinigung der Anstrengungen der europäischen Länder beim Werk ihrer wirtschaftlichen Wiederherstellung nach dem Kriege gerichtet sind, sondern auf die Erreichung gänzlich anderer Ziele, die mit den wirklichen Interessen der Völker Europas nichts zu tun haben.

Abschluß der Beratung der Außenminister in Paris

Paris, 2. Juli (TASS). Heute wurde um 16 Uhr eine ordentliche Sitzung der Pariser Beratung der Aussenminister der UdSSR, Frankreichs und Englands eröffnet.

Nach der Antwortrede W. M. Molotows auf die französischen Vorschläge, die Bidault auf der Sitzung vom 1. Juli gemacht hatte, fand ein kurzer Meinungsaustausch statt, auf Grund dessen das Auseinandergehen der Standpunkte der Delegationen Englands und Frankreichs einerseits und der Sowjetunion andererseits endgültig klar wurde.

Die Beratung wurde um 17 Uhr 50 Min. geschlossen.

Bewilligungen für die Bedürfnisse des Kriegsministeriums der USA

Washington, 4. Juli [TASS]. Die Senats-Unterkommission für die Bewilligung von Geldmitteln hat empfohlen, für die Bedürfnisse des Kriegsministeriums 5 616 618 000 Dollars anzuweisen, das sind 335 636 000 Dollars mehr als die Summe, die das Repräsentantenhaus am 5. Juni bewilligt hat, und etwa 100 Millionen weniger als der von Truman geforderte Betrag.

Arbeitslosigkeit in den USA

New York, 3. Juli (TASS). Nach den letzten Angaben des Regierungsbüros für Statistik wurden im Juni in den Vereinigten Staaten von Amerika 2,5 Millionen Arbeitslose gezählt – das sind 400 000 mehr, als im Dezember 1946.

Jedoch zeigt eine Analyse der amtlichen statistischen Angaben verschiedener amerikanischer Regierungsbehörden, daß diese Ziffer bei weitem nicht die wahre Lage im Lande wiederolbt. So wies beispielsweise das Büro für Statistik des Handelsministeriums im Bericht für den 10. Mai dieses Jahres bei einer Aufzählung der einzelnen Kategorien der beschäftigten Bevölkerung, d. h. der Personen, die Arbeit haben, darauf hin, daß 1 760 000 Menschen zwischen 1 und 14 Stunden in der Woche arbeiten. Zu dieser Kategorie rechnet die amtliche Statistik die Personen, die ohne Bezahlung einige Stunden lang auf der Farm oder dem Unternehmen ihrer Angehörigen arbeiten, vorübergehend Entlassene sowie die einige Stunden in der Woche Arbeitenden, d. h. Personen, die faktisch nicht in ständiger Arbeit stehen. In den amtlichen statistischen Angaben über die Zahl der Arbeitslosen sind auch die 1 600 000 nichtarbeitenden ehemaligen Kriegsteilnehmer nicht enthalten.

Damit erreicht die Gesamtzahl der Arbeitslosen in den Vereinigten Staaten annähernd 5 860 000 Menschen.

Abweichungen zwischen den amtlichen und den tatsächlichen Ziffern der Arbeitslosen in den USA sind auch im vergangenen Jahr vorgekommen. Wie das Nachrichtenblatt „Economic Notes" ausführte, gab es Ende 1946 in den Vereinigten Staaten über 5 Millionen Arbeitslose, während nach den Angaben des Büros für Statistik des Handelsministeriums für den 1. Dezember 1946 nur 2 120 000 gezählt wurden.

Der Flick-Prozeß

Berlin, 5. Juli (TASS). Wie die Agentur DPD aus Nürnberg meldet, ist der Prozeß gegen Friedrich Flick und 5 Direktoren seines Konzerns am 2. Juli in Nürnberg wieder aufgenommen worden.

Im Verhör wies Flick die gegen ihn erhobene Beschuldigung zurück, daß er seinen Aufstieg dem Nationalsozialismus verdanke. Flick erklärte, daß er im Jahr 1930 feste Stellungen in der Industrie gehabt habe, da er die „Vereinigten Stahlwerke" kontrollierte.

Flick machte Mitteilungen über seine Begegnung mit Hitler im Jahre 1932, als Hitler finanzielle Unterstützung von ihm haben wollte. Jedoch leistete Flick, nach seinen Worten, Hitler angeblich keine Unterstützung, sondern spendete 950 000 Mark für die Unterstützung der Kandidatur Hindenburgs.

Отв. редактор **В. РУДЕНКО.**

Das Sendeprogramm für die deutsche Bevölkerung Kaliningrads

Freitag, den 11 Juli von 18,35—18,50 Uhr
Sonnabend, den 12. Juli „ 18,40—18,55 „

Im Zentralen Deutschen Klub

(Kaliningrad, Lange Reihe 2)

Am Sonntag, den 13. Juli 1947 finden im ZDK folgende Veranstaltungen statt:

11 Uhr Filmvorführung für Kinder „Wolga-Wolga"
15 Uhr Vortrag: „Die Tradition der englischen Diplomatie und das deutsche Problem" (Ref.: F. Glagau)
15 Uhr Chorprobe — Zimmer 9
15 Uhr Gymnastik — Zimmer 23
15 Uhr Pingpong — Zimmer 4
15 Uhr Schach — Zimmer 21
17 Uhr Filmvorführung für Erwachsene „Wolga-Wolga"
Ab 19 Uhr TANZ

Газета «Новое время» („Neue Zeit") издается для немецкого населения Калинин[illegible] [illegible]ской области. Адрес редакции: г. Калининград, Барнаульская ул. д. 2, комн. 6.

БУ00301 Типография Облместпрома

Das Ende der Tragödie

Das Ende der ostpreußischen Tragödie nach dem Fall von Königsberg: In erbitterten Kämpfen verteidigten die deutschen Truppen, als „Armee Ostpreußen“ dem General der Panzertruppen von Saucken unterstellt, die Reste ostpreußischen Bodens. Der Kampf im Samland dauerte nur noch drei Wochen. Vom 19./20. April ab gab es nur noch eine Riegelstellung auf der schmalen Landzunge zwischen Fischhausen und Pillau. Sinn dieses letzten Abwehrkampfes war es, möglichst noch eine große Zahl von Verwundeten und Flüchtlingen aus Pillau herauszubringen. Am 25. April ging Pillau verloren, und die letzten Verteidiger setzten über nach Neutief. Die idyllische Landschaft der Frischen Nehrung war noch Schauplatz von Kämpfen, bis am 8. Mai 1945 der Waffenstillstand dem letzten Widerstand bei Stutthof ein Ende machte.

In der nüchternen Sprache der Zahlen stellt sich das über die ostpreußische Bevölkerung hereingebrochene Leid zusammenfassend wie folgt dar (nach Forstreuter):

Evakuiert im Herbst 1944	500 000
Geflüchtet ab Januar 1945 nach Westen	
● Eisenbahn oder Treck	250 000
● über das Haff nach Danzig — Pommern	450 000
● von Pillau über die Nehrung nach Danzig — Pommern	200 000
● von Pillau über See	450 000
Zurückgeblieben in Ostpreußen	500 000

Zahlreiche erschütternde Erlebnisberichte liegen vor: eine unschätzbare Geschichtsquelle. Aber auch die Toten reden eine nicht überhörbare Sprache. Von den rund 2,6 Millionen Ostpreußen sind 500 000 nicht mehr lebend ermittelt worden, davon 200 000 Wehrmachtsangehörige. Sie fielen im Felde, auf der Flucht, durch Mord und Selbstmord.

Dem Inferno entronnen

Mit den wenigen Habseligkeiten, die ihnen geblieben sind, warten diese Frauen und Männer auf ihren Abtransport nach Westen.

Diesen Frauen ist die Flucht geglückt. Strapazen, Furcht und Schrecken haben sich in ihre Gesichter eingegraben.

Den Russen nach langen Märschen entkommen, werden diese Flüchtlinge von amerikanischen Truppen in Empfang genommen.

Ankunft im Westen

Die vorläufige Geschichte der Flüchtlinge endete mit ihrer Ankunft im Westen. Man hatte sie überwiegend in ländliche Gebiete der britischen und amerikanischen Zone gelenkt. Die Aufnahme in den kriegszerstörten Industriezentren war nur vereinzelt möglich. In enger gewordenen Städten und Gemeinden fanden die heimatlosen Menschen Schutz und Zuflucht. Hier mußten sie das Elend und den Hunger mit der übrigen deutschen Bevölkerung teilen. Und schon bald wurde deutlich, daß in der Verflechtung sozialer, kultureller, wirtschaftlicher, religiöser und politischer Aspekte eine der größten Schwierigkeiten lag, das Gesamtproblem zu lösen.

Doch die Lage der Flüchtlinge war weitaus trostloser als die der Einheimischen, denn die meisten von ihnen kamen buchstäblich nur mit dem, was sie auf dem Leib trugen, in eine ihnen unbekannte Stadt oder Landschaft. Vereinzelt mußten die Flüchtlinge trotz der kalten Jahreszeit in Erdhöhlen und aus Lumpen und Flicken notdürftig zusammengesetzten zeltähnlichen Unterkünften leben. Die Not war unvorstellbar groß. In dieser unüberschaubaren Situation glaubten viele daran, daß es sich nur um einen vorübergehenden Zustand handeln könne. Sie hofften auf eine baldige Rückkehr in ihre angestammte Heimat.

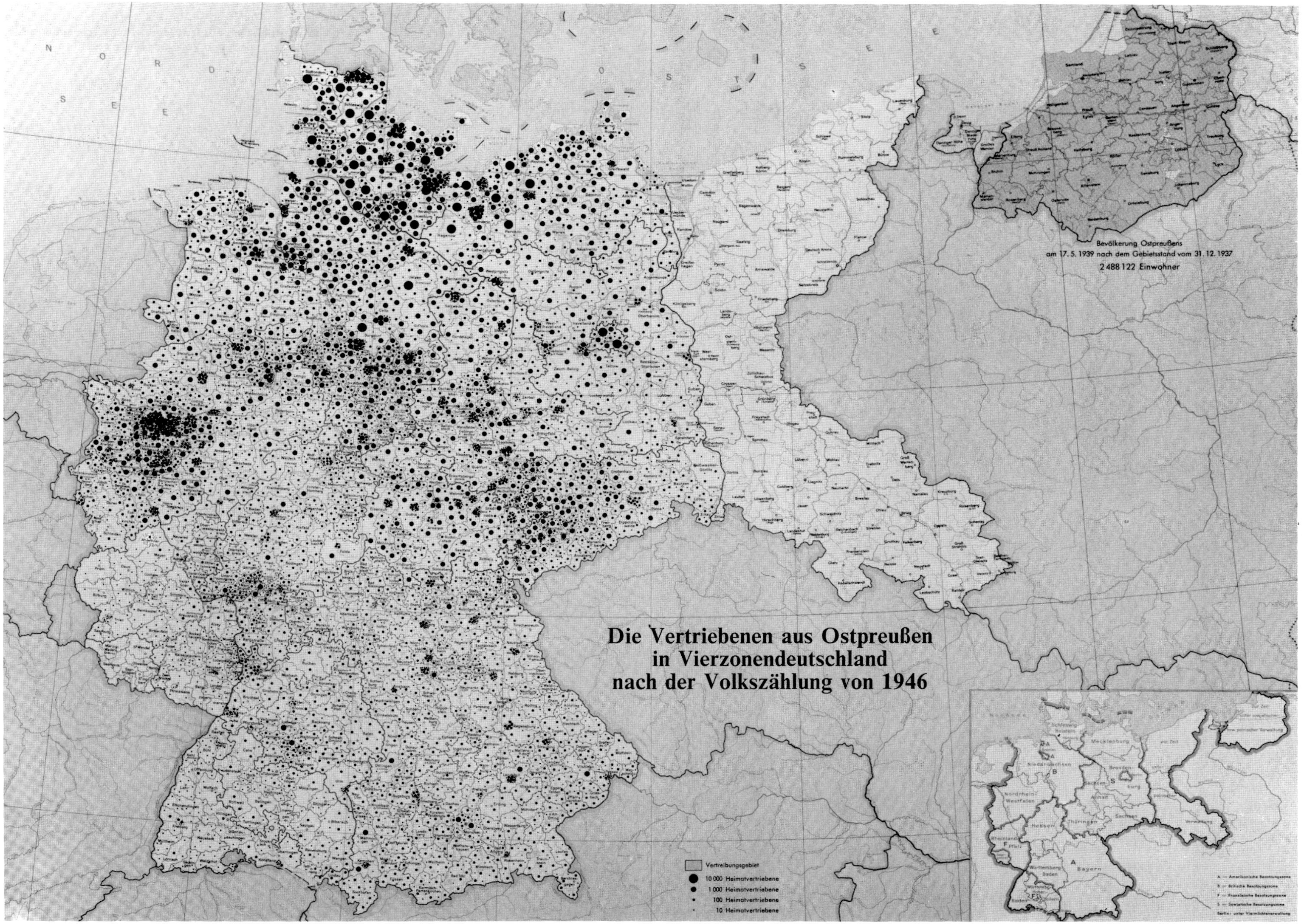
Die Vertriebenen aus Ostpreußen
in Vierzonendeutschland
nach der Volkszählung von 1946
N O R D S E E
O S T S E E
Bevölkerung Ostpreußens
am 17. 5. 1939 nach dem Gebietsstand vom 31. 12. 1937
2 488 122 Einwohner
Vertreibungsgebiet
10 000 Heimatvertriebene
1 000 Heimatvertriebene
100 Heimatvertriebene
10 Heimatvertriebene

Auf die Ankunft von Millionen Vertriebener war man im Westen nicht vorbereitet. Eine Unterbringung erfolgte daher zunächst in Massenunterkünften. Dutzende von Menschen lebten hier — oft über Jahre — auf engstem Raum.

Dieser Junge hat Hunger. Angst vor dem Ungewissen kann sein Gesicht nicht verbergen.

Die Wege der Flucht waren hart und gnadenlos gewesen. Man war anspruchslos geworden. Mit der physischen Rettung konnten in vielen Fällen jedoch die seelischen Erschütterungen nicht beendet werden. Müdigkeit, Traurigkeit und Ratlosigkeit spiegeln die Gesichter dieser Flüchtlinge in einer Notunterkunft in Bayern. Wie oft mögen sie geweint, wie oft nur gesessen und nachgedacht haben über die Frage: Wo ist ein Ausweg aus der Verzweiflung?

Flüchtlingslager in Lübeck. Das triste Lagerleben war für die Heimatlosen der prägende Eindruck der Nachkriegszeit.

Blick in ein Berliner Flüchtlingslager. In überfüllten Räumen lagen die ausgezehrten Menschen dichtgedrängt auf Strohschütten am Boden. Mobiliar war kaum vorhanden. Kleidung und Wäsche zierten die Wände.

Für 35 000 deutsche Flüchtlinge begann das neue Leben im Oksböl-Lager in Dänemark. Dieses Lager ist damals als die sechstgrößte Stadt Dänemarks bezeichnet worden. Auch hier das Leid jener Jahre auf den Gesichtern der Menschen.

Mehr als 13 000 Einwohner dieser Flüchtlingsstadt waren Kinder.

Auch Agnes Miegel, die große ostpreußische Dichterin, die für die Kinder ihres Landes die „Mutter Ostpreußen“ war, überstand eineinhalb Jahre in diesem großen Flüchtlingslager in Oksböl, bis sie in Niedersachsen ein Heim fand, in dem sie leben und schaffen konnte. Ihr dort entstandenes Gedicht „Wagen an Wagen“ sagt aus, was sie an Schmerz erfahren hat:

Wagen an Wagen

Um Allerseelen
In der dunklen Nacht,
Wenn vor uns stehen,
Die immer neu unserm Herzen fehlen, —
Erinnrung erwacht
An die alten Kirchen, die Hügel im Feld,
Wo sie schlafen, Vätern und Nachbarn gesellt,
In verlorener Heimat über der See, —
Und an Alle, die hilflos und einsam starben,
An Alle, die sinkend im Eis verdarben,
Die keiner begrub, nur Wasser und Schnee,
Auf dem Weg unsrer Flucht, — dem Weg ohne Gnade!

Und wir ziehen im Traum verwehte Pfade
Wagen an Wagen, endloser Zug,
Der ein Volk von der Heimat trug!

Von Norden, von Osten kamen wir,
Über Heide und Ströme zogen wir,
Nach Westen wandernd, Greis, Frau und Kind.
Wir kamen gegangen, wir kamen gefahren,
Mit Schlitten und Bündel, mit Hund und Karren,
Gepeitscht vom Wind, vom Schneelicht blind. —
Und Wagen an Wagen.

Zuckend wie Nordlicht am Himmel stand
Verlassner Dörfer und Städte Brand
Und um uns heulte und pfiff der Tod
Auf glühendem Ball durch die Luft getragen
Und der Schnee wurde rot
Und es sanken wie Garben die hilflos starben
Und wir zogen weiter,
Wagen an Wagen, — —

Und kamen noch einmal, trügrisches Hoffen
Durch friedliches Land.
Tür stand uns offen
Bei jenen, die nicht unser Leiden gekannt.
Sie kamen, sie winkten, sie reichten uns Brot,
Sie luden die Not
An warmem Herde zu sich als Gast.
Scheune und Stroh rief Müde zur Rast.
Doch wir konnten nicht bleiben.
Wir zogen vorüber
Wagen an Wagen.

Und hörten durch Sturm und Flockentreiben
Das Glockenlied ihrer Türme noch
Und hörten doch
Das Dröhnen des Krieges, der hinter uns zog.
Und vom Wegkreuz bog,
Blutend, mit ausgebreiteten Armen,
Sich dorngekrönter Liebe Erbarmen.

Wir konnten nicht halten, wir konnten nicht knien.
Sie kamen hinter uns, Wagen an Wagen,—
Unsre Herzen nur schrien:
O blick nach uns hin!
Wir wandern, wir wandern, endloser Zug,
Volk, das die Geißel des Krieges schlug,
Entwurzelter Wald, von der Flut getragen,
Wohin? Wohin? — — —

Das Leben spielte sich auch in Oksböl ab wie in jeder anderen Stadt. Menschen wurden geboren, Menschen starben. Die meisten von ihnen starben nach den Strapazen der Flucht an Entkräftung und Unterernährung.

Eine deutsche Flüchtlingsfrau bei der Grabpflege auf dem Lagerfriedhof von Oksböl. 990 deutsche Flüchtlinge haben hier ihre letzte Ruhestätte gefunden.

Vorbereitung der Übersiedlung nach Deutschland

Der Rücktransport erfolgt mit der Eisenbahn. Dänische Polizeibeamte sind beim Verladen der Kinderwagen behilflich.

Auch innerhalb Westdeutschlands fanden schon bald Umsiedlungsaktionen statt. Hier verläßt der erste Umsiedlungstransport mit 86 Familien — insgesamt 311 Menschen — die Hauptstadt Schleswig-Holsteins. In Südbaden sollen die Flüchtlinge eine neue Heimat und günstigere Arbeitsbedingungen finden. Es gab bei den Zurückgebliebenen nicht nur heitere Gesichter, sondern — wie das Bild zeigt — auch Tränen des Abschieds.

Ströme verzweifelter, hoffender, kranker, sehnsüchtiger, verängstigter Menschen fanden in dem Grenzdurchgangslager Friedland einen sicheren Hafen. Mit Einfallsreichtum und Überzeugungskraft gingen Lagerleitung und ein Heer von ehrenamtlichen Helfern ans Werk. Sie linderten seelische Not, erweckten neuen Mut, dieses Leben zu durchleiden und dennoch zu bejahen. Es war eine Gemeinschaft von Menschen, die dort ihr ganzes Sein zum Wohle der Flüchtlinge einsetzte.

An keiner anderen Stelle der Bundesrepublik Deutschland hat sich die deutsche Tragödie so drastisch dargestellt wie in den Baracken bei dem kleinen Dorf mit dem symbolischen Namen Friedland. Dieser Name steht vertretend für viele Lager, in denen Gutes geschah. Insbesondere diese Stätte wurde zum Tor der Freiheit, zum Symbol der Hoffnung. Dieses Lager ist einmal mit einem Grenzfluß zwischen zwei Leben verglichen worden. Wer diesen Grenzfluß überschritt, schloß eine Periode seines Lebens, für viele eine entsetzliche Periode; es begann eine neue, für die Mehrzahl eine hoffnungsvolle.

Für Tausende und aber Tausende von Flüchtlingen, Heimkehrern und Aussiedlern läutete die Glocke von Friedland den ersten Gruß. Von hier aus gingen sie später hinaus, ein neues Leben aufzubauen. Es gibt wohl kaum Eindrucksvolleres als die gewaltigen Anstrengungen der Nachkriegsjahre, in denen sich die Flüchtlinge und Vertriebenen nicht dem Haß, der Rache und Vergeltung hingaben, sondern gemeinsam mit den Bürgern Westdeutschlands die Ärmel aufkrempelten und einen neuen Anfang wagten. Eine Haltung, die die Geschichte würdigen wird. Diese Selbsthilfe beim Aufbau einer neuen Heimat war Chance und Gewinn für unser Vaterland.

Laßt Frieden sein in unserem Herzen und in der Welt

Kinder gehörten seit jeher zu den unschuldigsten Opfern verbrecherischer Kriege. Da ist keiner, der sich wegwenden kann von diesem angstvollen Gesicht. Die Augen dieses ostpreußischen Flüchtlingskindes

fragen,

warum Menschen verurteilt sind, immer nur Leidende zu sein, weil die Politiker keine menschliche Lösung ihrer sachlichen Probleme finden? Diese Augen

mahnen,

nachzudenken. Nachzudenken, warum zwischen Menschen, die Freunde hätten sein können — auch wenn sie eine andere Sprache sprachen — Krieg geführt worden ist. Nachzudenken darüber, welchen Sinn wohl das Opfer von Millionen von Menschenleben haben sollte, wenn nicht diesen, daß die Menschen begreifen mögen, daß Krieg für ein Volk das sinnloseste aller Mittel ist, um die Probleme der Gegenwart und Zukunft zu meistern.

Die Augen dieses Kindes

flehen:

Haltet Frieden untereinander!

Uns allen ist die Verantwortung auferlegt, den Frieden zu sichern und zu bewahren. Tragen wir das unsere dazu bei, einen dauerhaften und gerechten Frieden zu schaffen!

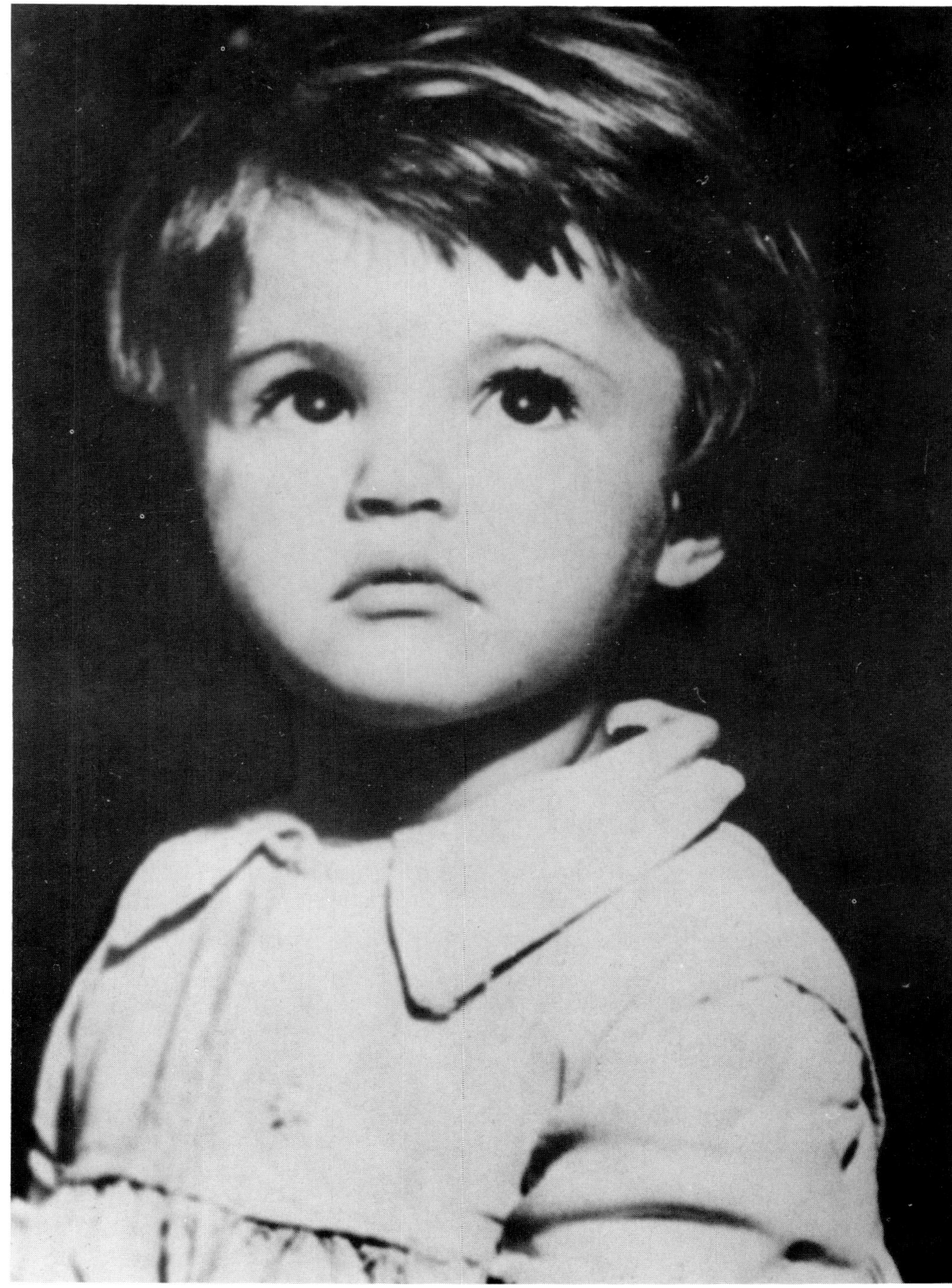

Chronik der ostpreußischen Tragödie

22. 6. 1941	Auf Befehl Hitlers greifen deutsche Armeen die Sowjetunion an.
5. 6. 1944	Beginn des Angriffs der Roten Armee auf das Memelgebiet
26./27. u. 29./30. 8. 1944	Britische Luftangriffe auf Königsberg fordern 4200 Tote und Vermißte. 200 000 Königsberger werden obdachlos. Die Stadt wird zu nahezu 50 Prozent zerstört.
25. 9. 1944	Erlaß des Führers über die Bildung des deutschen Volkssturms
16. 10. 1944	Beginn der sowjetischen Groß-Offensive gegen Ostpreußen. Die 3. Weißrussische Front dringt in den Raum südlich Ebenrode und nördlich der Rominter Heide ein. Ostpreußisches Grenzland wird zum Schlachtfeld. Ein entscheidender operativer Durchbruch gelingt nicht.
20./21. 10. 1944	Die Rote Armee verübt in Nemmersdorf Greueltaten an der deutschen Bevölkerung. Die Gewalttaten lösen Fluchtbewegungen der Zivilbevölkerung aus.
13. 1. 1945	Großangriff der Sowjets. 7 Armeen der 3. Weißrussischen Front durchbrechen bei Gumbinnen die deutschen Linien und marschieren auf Königsberg zu.
15. 1. 1945	Die 2. Weißrussische Front stößt mit 6 Armeen und 5 Panzerkorps aus dem Narew-Brückenkopf Pultusk zur Abschnürung Ostpreußens gegen Elbing/Weichselmündung vor.
16. 1. 1945	Schloßberg gefallen
20. 1. 1945	Die 43. Armee der 1. baltischen Front greift von Norden her mit 13 Divisionen an. Stoßrichtung Samland. Tilsit, Gumbinnen, Hohensalza verloren
21. 1. 1945	Allenstein durch sowjetische Truppen erobert.
22. 1. 1945	Insterburg verloren
23. 1. 1945	Mohrungen besetzt
25. 1. 1945	Letzter Triumph der Kriegsmarine — Beginn der Flüchtlingstransporte über See aus Pillau
27. 1. 1945	Russische Angriffspitzen erreichen das Frische Haff bei Tolkemit. Ostpreußen abgeriegelt

29./30. 1. 1945	Einbruch der Sowjets bei Metgethen. Greueltaten der Roten Armee an der deutschen Bevölkerung. Königsbergs lebenswichtige Verbindung mit Pillau geht verloren.
30. 1. 1945	Der Schnelldampfer „Wilhelm Gustloff" vor Stolpmünde torpediert und gesunken. Über 5000 Menschen finden den Tod.
10. 2. 1945	Der Lloyd-Dampfer „Steuben" torpediert und gesunken. 3000 Menschen sterben. Elbing verloren
19. 2. 1945	Deutsche Truppen kämpfen die Verbindung zwischen Königsberg und Pillau wieder frei.
25. 2. 1945	Königsberg wieder eingeschlossen
13. 3. 1945	Endkampf Heiligenbeiler Kessel. Braunsberg fällt am 20. 3., Heiligenbeil am 24. 3., Balga, der letzte Stützpunkt, am 28. 3. Flüchtlingstransporte laufen weiter.
22. 3. 1945	Durchbruch der sowjetischen Truppen an die Küste zwischen Danzig und Gotenhafen
28. 3. 1945	Nach erbittertem Kampf geht Gotenhafen verloren.
30. 3. 1945	Danzig fällt in sowjetische Hand.
5. 4. 1945	Großangriff auf Königsberg
9. 4. 1945	Kapitulation von Königsberg
10. 4. 1945– 12. 4. 1945	Königsberg wird gegen alles Völker- und Kriegsrecht der sowjetischen Soldateska zur Plünderung und Brandschatzung freigegeben.
13. 4. 1945	Sowjetische Offensive gegen das Samland, Stoßrichtung Pillau
16. 4. 1945	Die größte Schiffskatastrophe: Das Motorschiff „Goya" geht nach Torpedotreffer unter und nimmt nahezu 7000 Menschen in den Wassertod.
21. 4. 1945	Die Riegelstellungen im Vorfeld Pillaus fallen bis 23. 4. nach erbitterten Kämpfen.
25. 4. 1945	Sowjetische Truppen besetzen Pillau
27. 4. 1945	Die Frische Nehrung ist Schauplatz von letzten Kämpfen. 30. 4. Narmeln, 3. 5. Kahlberg von sowjetischen Soldaten eingenommen.
8. 5. 1945	Kapitulation der deutschen Wehrmacht an allen Fronten.

*Wir Heimatvertriebenen
verzichten
auf Rache
und Vergeltung.
Dieser Entschluß
ist uns
ernst und heilig.*

Aus der Charta
der deutschen Heimatvertriebenen,
gegeben zu Stuttgart
am 5. August 1950

Muß, was uns quält, nicht einmal still vergehen,
wenn alle, die noch tief im Leide stehen,
begreifen, daß die Not nicht ohne Sinn?
So sehr das Schicksal uns das Herz zerrissen,
aus unsern Wunden wuchs ein wehes Wissen.
Und auch ein wehes Wissen ist Gewinn.

Was uns an Leid geschah, laßt es gewähren.
Es will zu neuen Menschen uns gebären.
Am Haß, am Bruderhaß die Welt zerbricht.
So laßt uns Liebe sä'n, das Herz verschwenden,
der Toten denkend, unser Schicksal wenden
und ihren Kindern Hütten baun im Licht.

Schlägt wieder sie ein Kriegsdämon zu Trümmern,
wenn nur die Seelen nicht dabei verkümmern,
dann werden, die noch leben, neue baun.
Der Tod ist nur ein Schattenspiel im Leben.
Der Tod wird höher in das Licht uns heben,
wenn still wir dem Unsterblichen vertraun!

Fritz Kudnig

Der zerstörte Christus der Kreuzigungsgruppe in der Marienburg

Bundesarchiv, Koblenz: Seite 11 (2), 13, 14 (2), 15 (2), 16, 17, 18 (2), 19 (2), 20 (2), 21, 22 (2), 23, 25, 26 (2), 27 (2), 28, 29 (4), 30, 31, 32 (2), 38 (2), 45 (3), 46 (2),47 (2), 48 oben, 49, 63 (3), 64 (2), 66 (2), 67 (3), 68 (2), 70, 71 (2), 72, 73, 74, 75; **Archiv Verlag Rautenberg:** Seite 12 unten rechts; **Archiv der Landsmannschaft Ostpreußen, Hamburg:** Seite 7, 37, 51 rechts, 69; **Motorbuch-Verlag:** Seite 9, 35, 48 unten, 56; **H.-G. Zimmermann, Dietzenbach:** Seit 50, 52, 54, 55; **Imperial Warmuseum, London:** Seite 59; **Foto Krauskopf, Zeven:** Seite 12 oben und unten links; **Ostpreußisches Jagd- und Landesmuseum, Lüneburg:** Seite 33, 41, 43; Peter Raschdorff, Lüneburg: Seite 51 links; **Museum Haus Königsberg, Duisburg:** Seite 60, 61; **Bundesforschungsanstalt für Landeskunde und Raumforschung:** Seite 65; **Dietrich Weldt:** Seite 79; **Prof. Grün:** Seite 52 (2); **Herder-Institut, Marburg:** Seite 57;
Die Karten auf Seite 10 und 40 drucken wir mit freundlicher Genehmigung des Podzun-Pallas-Verlages aus dem Buch: Die Flucht Ostpreußen 1944/45.

Das Gedicht von Fritz Kudnig auf Seite 79 veröffentlichen wir mit freundlicher Genehmigung von Margarete Kudnig.
Wir danken Herrn Lankau, Soest, für die Erlaubnis zum Abdruck der Zeichnung von Professor Eduard Bischoff auf dem Umschlag.